新视野·文化遗产保护论丛

博物馆的陈列展览

单霁翔 著

图书在版编目（CIP）数据

博物馆的陈列展览 / 单霁翔著 .—天津：天津大学出版社，2017.10（2024. 5 重印）
（新视野 · 文化遗产保护论丛 . 第三辑）
ISBN 978-7-5618-5956-8

Ⅰ . ①博… Ⅱ . ①单… Ⅲ . ①博物馆—陈列—中国—文集 Ⅳ . ① G265-53

中国版本图书馆 CIP 数据核字（2017）第 239749 号

策划编辑 金　磊　韩振平
责任编辑 张明硕
装帧设计 谷英卉

出版发行 天津大学出版社
地　　址 天津市卫津路 92 号天津大学内（邮编：300072）
电　　话 发行部：022-27403647
网　　址 publish.tju.edu.cn
印　　刷 永清县晔盛亚胶印有限公司
经　　销 全国各地新华书店
开　　本 148mm × 210mm
印　　张 8.125
字　　数 197 千
版　　次 2017 年 10 月第 1 版
印　　次 2024 年 5 月第 2 次
定　　价 58.00 元

自序：把工作当学问做 把问题当课题解

“新视野·文化遗产保护论丛”出版在即，出版社嘱我写一个自序。心怀往昔，愿以时间为轴写出自己简短的感言，希望聚焦有启迪意义的文化历程，也希望表达充满真情实感的“乡愁”。

2011年8月25日清晨接到通知，我将要离开工作近10年的国家文物局，到故宫博物院工作。消息突然，没有精神准备。记得当天上午工作日程是在中国文化遗产研究院做专题报告。一路上，10年来的工作情景在脑海中闪过，想到在走向新的岗位之前，应该对以往工作进行回顾，负责任地进行工作交接，于是到会场后便放弃了已经准备好的多媒体演示内容，改为讲述参与中国文化遗产保护的体会，将近两个小时的畅谈，仍感意犹未尽，充满着回望与寻觅的思绪。

如今看来，当年的工作状态可谓“不堪回首”。就在接到通知那天之前的一周内，还经历了“南征北战”的过程：8月18日在吉林长春为市、县政府领导培训班做文化遗产保护报告；8月20日在西藏拉萨参加中国西藏文化论坛；8月21日在四川雅安参加茶马古道保护研讨会；8月23日和24日在福建福州分别参加全国生态博物馆、涉台文物保护总体规划评审，国家水下文化遗产保护中心福建基地启动，三坊七巷社区博物馆揭牌等活动。

一周数省，这就是当年常态化的工作状况。是什么力量支撑着自己一路前行？除了文物人“敢于担当、乐于奉献”的情结外，恐怕最主要的就是“把工作当学问做、把问题当课题解”的工作方法。不断出现的问题、不断凸现的矛盾和不断涌现的挑战，将时间撕裂成一块块“碎片”，甚至一天之内要进行几次“脑筋急转弯”。如果不能针对闪过的想法及时停下来思考、面对发现的问题及时静下来反思，就会陷于疲于应付、不堪重负的境地。城乡建设大规模展开的时期，必然是文化遗产保护最紧迫、最关键的历史阶段。只有“把工作当学问做、把问题当课题解”，才能在复杂的情况下，夯实基础，居安思危，防患未然；在困难的情况下，深思熟虑，心中有数，底气十足；在紧急的情况下，头脑清醒，敢于直面，坚守底线。

“把工作当学问做、把问题当课题解”的工作方法，需要持之以恒，读书、思考、写作、归纳，早已成为每天的必修课。无论是在考察途中的汽车里，还是在往返的飞机上，抑或是在家中的书桌前，以电脑为伴，将考察的感想、调研的体会、阅读的心得及时记录下来。正是因为这一次次的梳理思绪、深化认识，长期下来，居然积攒下上千万字的记录，包括论文、报告、访谈、提案，林林总总，其中既有“一吐为快”的真实感受，也有“深思熟虑”的肺腑之言，还有“临阵磨枪”的即席表达。将它们汇集起来，既是一个时期实践经验的点滴记载，也是一个时代文化遗产事业的综合纪实，还是一个文化遗产保护工作者不息生命的心灵写作。面对这些海量且繁杂的“原生态”记录，早已萌生出按照内容进行分类归纳的愿望。所幸天津大学出版社伸出援手，以“新视野·文化遗产保护论丛”为名，按照不同内容进行分辑分册，涉及文化遗产保护基础建设、文化遗产保护项目实施和文物博物馆事业发展等诸多方面。

一路走来，吴良镛教授的学术思想始终像一座灯塔照亮我前行的方向。“把工作当学问做、把问题当课题解”，源于吴良镛教授所倡导的“融贯的综合研究”理论框架。就是力图从更广阔的视野、更深入的角度，分析和梳理文化遗产之间的内在联系，探索和建立新的文化遗产类型和相应的保护方式，使制约文化遗产事业发展的重点、难点和瓶颈问题不断得以有效解决。实践证明：文化遗产保护、城市文化建设、博物馆发展，在方法上、尺度上、内容上虽然各有不同，但是三者有着共同的研究对象，三位一体进行“融贯的综合研究”，则可以呈现出中国特色文化遗产保护的新视野。

从1984年进入城市规划部门以来已经30余载，从1994年进入文物系统以来也已经20余年，其间有不少令人难忘的回忆。有幸在职业生涯的最后一站，来到故宫博物院，一方面继续享受紧张工作带来的压力和挑战，另一方面得以将几十年来积累的体会应用于具体实践。今天，更为突出的感受是，只有“把工作当学问做、把问题当课题解”，且加强全程管理，才能使每一项工作都与细节管理挂起钩来，把桩桩件件事情都做得细之又细，才能获得持续发展的后劲。

北京时间2014年6月22日15时19分，从卡塔尔首都多哈传来喜讯，在第38届世界遗产委员会会议上，中国大运河被列入《世界遗产名录》。30分钟后，跨国联合申报的“丝绸之路：长安—天山廊道的路网”也顺利通过评审。作为大运河和丝绸之路保护与申报的参与者和见证者，我格外激动和自豪。2015年5月5日，从文化遗产保护现场又传来好消息，世界文化遗产——大足石刻千手观音造像抢救性保护修复工程竣工，看到“前方”传来修复后的美轮美奂的千手观音造像影像，我激动不已。回想2008年“5·12汶川大地震”后的第8天，我们从四川地震重灾区赶到重庆大足，看望已经800岁高龄的千手观音造像，看到早已满目疮痍的文物本体又被地震殃及，当即决定开展抢救保护工作，将其列为石窟类保护的“一号工程”，如今千手观音造像再现“慈祥的微笑”，得以功德圆满。的确，每当昔日的努力成就今日的收获，都是文化遗产保护工作者最幸福的时刻。

2006年6月10日，我们曾以无比喜悦的心情迎来了中国第一个“文化遗产日”。10年的奋争，10年的坚守，10年的耕耘，10年的收获。再过半个多月，我们又将以无限期待的心情，迎来中国第十个“文化遗产日”。谨以“新视野·文化遗产保护论丛”献给这一节日，献给长期以来用智慧和汗水呵护文化遗产的文博同人，祝愿祖国的文化遗产永葆尊严；献给长期以来用真情和热心关注文化遗产的社会民众，祝中华文化遗产事业蓬勃发展。

2015年5月25日

目录

“周秦汉唐文明大展”开幕仪式致辞 /009

在金陵红楼梦文化博物馆奠基仪式上的讲话 /011

关于提升博物馆展示服务水平的提案 /013

在江宁织造府博物馆工程协调会议上的讲话 /016

在建立地震遗址博物馆专家座谈会上的讲话 /020

在北京奥运会系列特展答谢会上的讲话 /022

在中国文字博物馆陈列大纲专家论证会上的讲话 /025

在“早期中国——中华文明起源展”开幕式上的讲话 /028

在中国文字博物馆开馆陈列展览审查指导组会议上的讲话 /030

关于设立博物馆陈列展览工程资质管理制度的提案 /033

关于国家博物馆建设和发展的建议意见 /037

关于建立文物异地展览保险基金的提案 /040

在“辽河寻根　文明溯源——中华文明起源展”开幕式上的致辞 /043

在中原文明 华夏之光——中华文明起源展暨陕西历史博物馆唐代壁画珍品馆开幕式上的讲话 /046

在“故宫博物院清代新疆文物珍藏展”开幕仪式上的致辞 /048

在《武汉城市历史展览陈列大纲》论证会上的发言 /051

在“袁运甫水墨画展”开幕式暨作品捐赠仪式上的讲话 /057

在故宫博物院展览选题研讨会上的讲话 /059

在慈宁宫雕塑馆方案论证会上的发言 /066

在“艺术巨匠徐悲鸿真迹展暨国际美术作品展”开幕仪式上的讲话 /069

浅析博物馆陈列展览的学术性与趣味性 /073

关注博物馆陈列展览的专业性问题 /096

关于故宫博物院陈列展览的提升 /108

在河南博物院“鼎盛中华——中国鼎文化展”开幕式上的讲话 /114

解读博物馆陈列展览的思想性与观赏性 /116

试论博物馆陈列展览的丰富性与实效性 /137

在故宫博物院陈列展览设计方案讨论会上的发言 /159

略谈博物馆陈列展览的知识性与通俗性 /166

博物馆馆舍建设质量的提升 /188

“周秦汉唐文明大展”开幕仪式致辞

（2004 年 12 月 28 日）

上海博物馆“周秦汉唐文明大展”开幕仪式

值此“周秦汉唐文明大展”隆重开幕之际，我谨代表国家文物局表示热烈祝贺！

中国历史悠久，地域辽阔，历史遗迹星罗棋布。陕西是中华古代文明的起源之地，是多个朝代营建都城的历史重地，也是考古发现重大文物层出不穷的一方宝地。“周秦汉唐文明大展”聚集了陕西省出土的历史上四个最为繁荣强盛朝代的文物精华，包括众多价值重大的青铜器、举世震惊的秦始皇兵马俑、引人注目的汉代墓室壁画、令人叹为观止的唐代法门寺地宫珍藏和何家村窖藏金银器等。这些珍贵的历史文物齐集上海，凭借上海国际化都市的辐射传播优势，凭借现代化、艺术化的博物馆展览策划与陈列设计，将会吸引更多的人关注中国历史文物与传统文化，体味其中蕴含的中华民族智慧、民族情结与民族精神。

历史遥远但不缥缈，文物无声但能诉说。文物博物馆单位承载着传承祖国优秀文化、弘扬民族精神的历史使命。我们要进一步贴近实际、贴近生活、贴近群众，在文物的保护、研究、展示等诸方面，扩大各地特别是东、西部省区的紧密合作和互相支持，推动民族文化更从容自信地走向世界。

在金陵红楼梦文化博物馆奠基仪式上的讲话

（2006 年 2 月 24 日）

江宁织造府是清代专司织造御用和官用缎匹的官办织局，曾一度扩建为江宁行宫，具有显赫的政治经济地位，所生产的“南京云锦”被誉为我国四大名锦之一，现已被联合国教科文组织列入人类非物质文化遗产代表作候选项目。文学巨匠曹雪芹在此度过幼年时期，为经典名著《红楼梦》的创作提供了重要的生活积累。

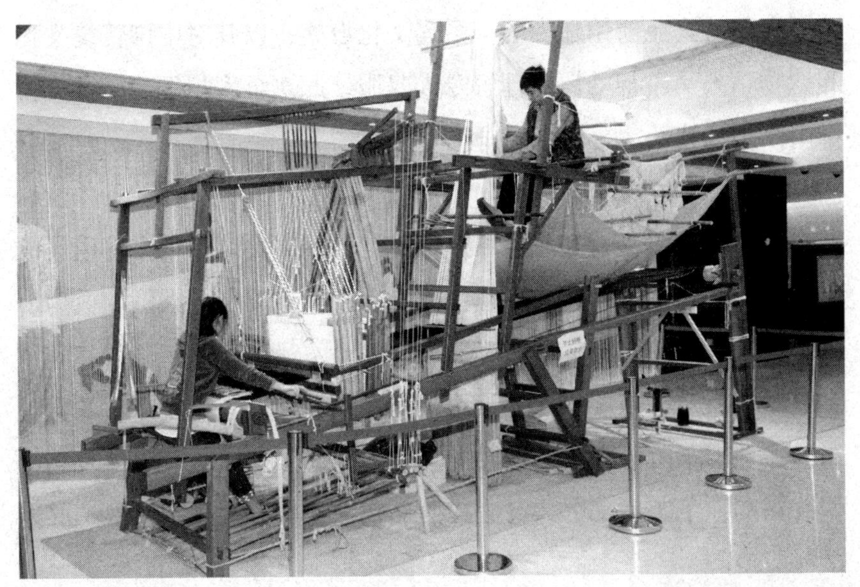

南京江宁织造府博物馆

江宁织造府所拥有的这些鲜明的文化特色和深厚的历史底蕴，不仅为深入发掘和展示其历史文化内涵提供了得天独厚的优势条件，而且对这一重要文化遗产的保护管理工作提出了更高的要求。建设金陵红楼梦文化博物馆，将有利于促进对“江宁织造府”“南京云锦”、《红楼梦》文化遗产的收藏、保护、研究和展示工作，传播历史文化知识、丰富精神文化生活、推动文化旅游产业发展、实现经济社会的全面协调和可持续发展。

江苏省南京市重视文化遗产保护工作，及时启动金陵红楼梦文化博物馆的建设，并邀请了两院院士、清华大学教授吴良镛主持项目设计工作。吴良镛教授是我国著名的建筑设计大师，在建筑设计领域创立了广义建筑学理论；在城市规划领域创立了人居环境科学理论；在城市建设领域创立了有机更新理论，为上述学科的发展做出了重要贡献。近年来，吴良镛教授主持设计的包括曲阜孔子研究院、南通博物苑新馆在内的一系列文化设施，以其对中国传统文化和博物馆人文精神的深刻理解令人叹服，此次再度担纲，必能为古都南京再添胜景。

我相信，在江苏省南京市政府的关心和指导下，在有关单位和社会各界的积极支持和参与下，金陵红楼梦文化博物馆必将建设成为设施先进、功能完善、环境优美、服务上乘的文化殿堂，成为南京历史文化名城的新亮点！

最后我有一点要求：我们今天所在的建设地点是南京市的历史街区，地下很可能埋藏有重要的文化遗存，因此，金陵红楼梦文化博物馆的地下工程部分，务必按照文物保护的有关规定，保护好地下文化遗产。

关于提升博物馆展示服务水平的提案[①]

（2007 年 3 月）

博物馆是收藏、研究、展示人类生存及其环境物证的公益性文化机构。博物馆事业的发展对全球化背景下保持民族文化的自主性，营造良好的、可持续发展的人文环境，加强未成年人思想道德教育和全社会的精神文明建设，以及提高广大民众的科学与文化素质，提升国家的文化竞争力和综合国力，全面建设小康社会，均发挥着不可替代的积极作用。

博物馆的展示服务是博物馆与社会联系的重要窗口，代表着博物馆的形象和水平。我国现有博物馆 2300 多座，每年举办陈列展览近万个，接待观众 1 亿 5 千万人次，发挥了良好的社会教育和服务作用。特别是近年来随着我国经济社会的发展，科学技术的进步，人民物质精神需求的增长，博物馆展示越来越引起各方面的重视和关注。但是就总体而言，我国博物馆与世界发达国家相比，在社会教育和服务作用方面的差距仍然十分明显，譬如美国博物馆的年观众数量是其人口数量的三倍。同时，由于经费不足，我国大多数博物馆，特别是中小型博物馆的展示环境简陋，展示设备老化，甚至

① 此文为在全国政协十届五次会议上的提案，联名提案人：樊锦诗、安家瑶、陈漱渝、刘庆柱、杨力舟、夏燕月、赵汝蘅、艾青春、董良翚、克里木、李延声、舒乙、冯骥才、靳尚谊、徐庆平、张平、王兴东、杨一奔、杨匡满、谢经荣、陈祥福、李谷一、潘震宙、敖德木勒、叶惠贤、阿拉泰、李致忠、陈晓光、翟泰丰、李燕、张贤亮、王洪华、魏明伦、汪毅夫、贺捷生、麻建国、于友先、赵宝江、漆林、谢广祥、李羚。

不具备文物展示的基本条件。例如北京地区的130家博物馆中，仅有4家博物馆具备文物展出的恒温、恒湿环境。一些地区重视博物馆的馆舍形象建设，但是忽视对展览内容、陈列环境和服务设施的投入，导致陈列展览更新周期过长，展示手段单一，科技含量不高。面对广大观众日益增长的需求，博物馆的陈列展览无论在内容还是形式上未能达到知识性、学术性和趣味性、观赏性的有机统一，参观环境的舒适度不高，陈列展览枯燥乏味，吸引力和感染力不强，严重制约了博物馆社会宣传教育服务功能的发挥，导致博物馆在体现“贴近实际、贴近群众、贴近生活”和“以人为本”，更新服务理念，满足社会需求等方面，存在越来越大的压力。

一方面，各级政府要加大对博物馆事业的投入，为博物馆事业的发展营造良好的政策与社会环境。虽然中央财政对博物馆事业的投入逐年增加，但是对博物馆展览和服务方面的经费投入严重不足。目前，博物馆举办展览仍无专项经费支持，单方造价的不断增长更使许多博物馆特别是中小型博物馆在策划陈列展览时力不从心，导致陈列展示更新缓慢，对观众的吸引力下降。陈列展览的配套服务设施一般只在建馆之初有所考虑，很少有后续更新的长效性资金投入，导致相关设施迅速老化，参观环境的舒适度急剧下降。

另一方面，在博物馆对未成年人和特殊社会群体实行减免费开放之后，各地博物馆的观众数量普遍上升，社会教育效果明显。但是增大了展览配套设施和安防消防的压力，提升展示水平、保障参观秩序和加强管理的成本相应提高。由于门票收入普遍下降，加上绝大多数地方对博物馆向未成年人免费开放的补贴政策尚未落实，使很多博物馆特别是基层博物馆运营倍感压力，甚至有“雪上加霜”之感，难以有实力和能力进一步提升展示服务水平，更好地发挥社会服务和教育作用。

此外，博物馆自身要苦练内功，坚持面向大众，增强服务意识，转变服务理念，改进服务方法，把社会和观众的需求作为博物馆工作的出发点和落脚点。改进服务理念，突出自身优势，向社会提供丰富多彩、引人入胜的文化产品以及多渠道、多种类的社会服务手段，使博物馆的社会服务形成以陈列展示为主，多种社会服务手段相辅相成，互相补充的完整体系。

美国丹佛艺术博物馆观众休息设施

这些问题的解决，需要博物馆与各有关部门的共同努力，也需要国家对博物馆提升展示服务水平给予进一步支持。为此，建议由财政部设立对博物馆举办展览和更新陈列展览的专项补助经费，并且落实对博物馆实行减免费开放的经费补贴政策，加大各级财政对博物馆提高社会教育和服务作用的投入，促进博物馆展示服务水平的提高，切实保障博物馆社会作用的有效发挥。

在江宁织造府博物馆工程协调会议上的讲话

（2008 年 3 月 28 日）

江苏江宁织造府博物馆奠基仪式

这次到南京来，有幸参加了江宁织造府博物馆的建设方案讨论。我认为江宁织造府博物馆的建设是南京文化建设的一件大事，是突出南京城市文化特色的重点工程。南京是国家历史文化名城，也是世界著名的文化古都，城市各项建设，特别是文化设施建设应该努力体现这一鲜明的城市性质。当前，一些城市在所谓“打造”

城市文化特色的过程中，争抢历史文化名人，争抢重大历史事件发生地，甚至杜撰历史，歪曲历史，恶搞历史。这些在今年的“两会”期间成为众多政协委员批评的重点。近年来，南京市深入发掘自己城市的文化内涵，凝练重大历史题材，积极开展了一系列文化设施建设，值得一些城市学习。

由于当前国家经济社会快速发展，博物馆建设也随之进入高潮，各级政府每年在博物馆建设方面投资上百亿元，全国每年增加上百座博物馆，使全国博物馆的总数达到2400多座。面对这一形势，国家文物局作为全国博物馆事业的行政主管部门，理应感到高兴，但是，当一些博物馆建设的消息传来，却经常令人高兴不起来，其原因是在当前博物馆的建设中存在一些不能忽视的问题。

一是，一些是地方政府没有把博物馆建设看作为造福民众的文化事业，而是作为“政绩工程”“形象工程”。在博物馆的规划设计过程中，追求建筑形式的“新、奇、怪、特”，不能做到“形神兼备”，甚至出现“魂不附体”。

二是，一些博物馆在建设过程中，注重表象，轻视实质，盲目引进高档建筑材料，过多使用花岗岩地面、大理石墙面、不锈钢挂面等，而在体现为观众提供优质服务、创造良好参观环境和保证文物安全等方面重视不够。

三是，一些博物馆在建设过程中，注重商业开发经营，而忽视博物馆文化责任。博物馆首先是社会教育机构，应具备藏品保管、科学研究和宣传展示三大功能。既不应仅仅是文物库房，也不应仅仅是展览馆，更不应是商品“大卖场”。

四是，一些博物馆在建设过程中，未能妥善协调设计、施工、管理、运营各方面的关系，不仅建设过程中矛盾重重，增加协调成本，贻误建设时机，而且在博物馆建成之后，各种问题凸现，甚至开放之后难以为继，只得关门整改。

大量事实证明，博物馆在建设过程中，要充分尊重已经确定的设计方案，总体设计思想要贯穿各个部分的设计、施工、管理的全过程。吴良镛教授作为江宁织造府博物馆的总设计师，对博物馆的建设倾注了大量心血，几乎每个月都到博物馆建设现场解决工程实施过程中的实际问题，这是目前很多年轻建筑师做不到的。吴良镛教授不顾80多岁的高龄，在博物馆工地跑上跑下，令我十分感动。吴良镛教授的设计方案，体现出精深的文化内涵，饱含着难得的科学务实精神，建筑形式与文化内涵高度统一，可谓形神兼备。我曾在城市规划部门负责建筑设计方案审图工作，这些年又接触过大量博物馆的建筑设计，今天看到江宁织造府博物馆设计方案，感到这无疑是一个优秀的博物馆设计，按此进行建设，必将奉献给社会一座价值无限的文化殿堂。因此，在目前的施工过程中，以及在下一步的展览设计和实施过程中，应充分尊重设计方案，尊重吴良镛先生的设计理念，在展陈内容大纲和形式设计的编制过程中，及时与吴良镛先生和各位设计师沟通，反复征求各方面意见，达成高度共识。

江宁织造府博物馆的建设还面临一些需要克服的困难，其中展品问题比较突出。博物馆需要用文物展品说话，这对于新建博物馆来说是最大的挑战。在展览设计大纲中，要尽可能地确定可以征集、借展或复制的文物清单，以增加陈列展览的可读性和真实感。刚才所介绍的古代画卷气势磅礴，引人入胜，如果能够成功展示，必将为每一位参观者留下深刻印象。同时，通过乾隆南京行宫、江宁织造等历史地图以及沙盘等辅助展品的展示，使参观者了解博物馆选址和建设地点的文化意义，增加博物馆的知识性和观赏性，并可以适当通过科技手段，提高展览的趣味性。还要挖掘非物质文化遗产，通过适度的展演、观众参与，使博物馆更具吸引力。“红楼梦学”博大精深，学术流派观点纷呈，博物馆可以力所能及地反映红学研究的最新成果和权威观点，可以客观表述，但是不应参与论战和介入矛盾。江宁织造府博物馆在南京的重要地位，决定它应该成为一座高质量的博物馆。刚才各位专家反复强调了博物馆的结构承重、防水等安全问题，在工程建设中均应予以关注，还要高度重视博物馆的安防技防设施，博物馆的建设质量也应该有更高的追求，争取获得“鲁班奖”。

江宁织造府博物馆在建成后，不但要成为市民喜爱的文化场所，还要成为中、小学生们学习城市历史文化和民族传统文化的第一课堂。从今年开始，国家文物局要在全国开展博物馆的评估定级工作，预祝江宁织造府博物馆成为一级博物馆。

在建立地震遗址博物馆专家座谈会上的讲话

（2008 年 6 月 5 日）

国家文物局《四川省“5.12”汶川大地震文化遗产抢救保护规划大纲》审核会

今天我们在这里召开专家座谈会，就建立地震遗址博物馆的基本思想、相关要求、主题定位等进行专题讨论。

2008 年 5 月 12 日 14 时 28 分，四川汶川发生 8.0 级大地震。这是中华人民共和国成立以来破坏性最强、波及范围最广、影响最大的一次地震，影响范围波及四川、甘肃、陕西、重庆等 16 个省（区、市），造成巨大的民众生命财产损失。文化遗产在此次地震中也受到了重大损失，国家文物局领导率领专家组，在第一时间赶灾区考察了解灾情。据统计，共有499处文物保护单位受损，其中世界文化遗产2处，全国重点文物保护单位140处，省级文物保护单位228处，县级文物保护单位111处。博物馆、文物管理所、考古研究所68座，博物馆、文物管理所馆藏文物2496件受损。目前，国家文物局正在积极支持四川省政府，在前期调查评估的基础上编制《灾后重建文化遗产抢救性保护规划》。

地震发生后，有关部门、知名人士以及许多的热心网民都纷纷呼吁建立地震遗址博物馆，以记忆这个具有历史意义的事件，表达对遇难者的哀思，同时发挥对社会进行防灾减灾科学教育等作用。国家文物局立即组成专题组进行研究，收集各方面信息，并紧急致函四川省文物局，要求做好地震遗址、遗迹的保护和对遗物征集等工作。5月23日召开的国务院抗震救灾总指挥部第13次会议，5月28日召开的国务院灾后重建规划组第1次会议，分别就地震遗址的保护工作提出了具体要求。

近日，国务院讨论通过的《汶川地震灾后恢复重建条例》也对地震遗址、遗迹的保护做出了相关规定。5月28日，国家文物局会同四川省政府及相关部门，组织有关专家就建立地震遗址博物馆进行了第一次专题研究。今天，我们再次召开专家座谈会，进一步征求大家的意见，以便将有关意见和建议尽快纳入四川省灾后重建总体规划。今天到会的是来自地震、地质、规划、文物保护、博物馆等方面的知名专家和有关部门的领导，希望大家畅所欲言，建言献策，以便我们准确把握，积极稳妥地推进地震遗址博物馆的各项筹备工作。

在北京奥运会系列特展答谢会上的讲话

（2008 年 9 月 22 日）

由国家文物局、第 29 届奥运会组委会、北京市政府及有关省市政府共同主办的奥运系列特展，在刚刚结束的北京奥运盛会期间取得了圆满成功。我谨代表国家文物局，向北京市和各有关省市文物部门、博物馆的同人们表示热烈的祝贺和衷心的感谢!

中华民族有着悠久的历史和灿烂的文化，北京作为文化古都有着三千多年建城史、八百多年建都史。北京奥运会不仅是一场全球瞩目的体育盛会，也是一场令人陶醉的文化盛宴。这次盛会给我们文物部门提供了一个展示民族文化和古都风采的大舞台。在这个舞台上，文物部门和文物博物馆工作者依托自身的文化资源和优势，搭建起了展示中华五千年文明和当代中国发展风貌的靓丽景致。

第 29 届奥运会期间，国家文物局和中国科学技术协会在中国科学技术馆新馆联合主办的“奇迹天工——古代中国发明创造文物展”，为观众特别是外国友人打开了一扇了解中国古代科技成就的窗口。军事博物馆精心策划、推出“制胜之道——孙子兵法暨中国古代军事文物精品展”，从一个侧面反映了中华民族的卓越智慧和创造力。国际友谊博物馆的“世界瑰宝——中华人民共和国国际礼品展”，揭示了中华民族热爱和平、重视礼仪、珍视友谊的传统美德。

这次奥运系列大展的重头戏则是在首都博物馆上演的。奥运期间，在首都博物馆推出了“中国记忆——五千年文明瑰宝展”“北京文物精品展”“长江文明展”“紫禁城内外竞技游戏展”“公平的竞争——古希腊竞技精神展”等重要展览。其中，“中国记忆——五千年文明瑰宝展”汇聚了全国55个博物馆的精品文物，有的堪称镇馆之宝、国之重器，例如中华文化遗产标志——太阳神鸟金饰，秦兵马俑，马王堆出土的T形帛画、金缕玉衣，欧阳询真迹《仲尼梦奠帖》等，可谓奇珍竞秀、异彩纷呈。“北京文物精品展”再现了北京文化深厚的底蕴及其递升性、融合性和荟萃性的特点。“长江文明展”以独具长江流域古代文明特色的199件代表性文物，展示了包括河姆渡文化、良渚文化、巴蜀文化、云南滇文明等多种不同的文化类型，生动地述说了中国独特的山川地貌孕育的独特文明，可谓山川钟灵毓秀，文化和而不同。由故宫博物院和首都博物馆联合推出的“紫禁城内外竞技游戏展”，在表现中国古代人生活情趣的同时，也呈现了中国古代竞技游戏中萌芽的奥运元素；一幅《冰嬉图卷》表现了我国古代“太液池冬月表演冰嬉”的盛况。希腊国家文化委员会主办的“公平的竞争——古希腊竞技精神展”，呈现了古代奥运会的赛事情景，向人们传达了奥林匹克运动广泛的意义。

以故宫博物院、首都博物馆、湖南省博物馆、重庆中国三峡博物馆等单位为代表的全国文物博物馆系统，以奥运大局为重，克服困难，齐心协力，把一个个高水准、高品位的展览呈现在观众面前。特别是北京市文物局和首都博物馆，以高度责任感布置、落实奥运系列特展工作，以一流的场馆设备、一流的专业人员，保障了这些展览的如期举办。这些展览穿越时空，在一个个展室中集中再现了中国历史文化的辉煌和成就。这些展览对于国人增强民族自信心，在全球化的洪流中重塑自己的精神家园，可以说助益良多；对广大的外国朋友来说，是一个了解中国历史文化形象的方式，有助于他们直观地了解当代中国。交流增进了解，正如《北京欢迎你》这首歌里唱的“我家大门常打开”，打开国门、打开博物馆的大门，欢迎四海宾朋，期待高朋满座、盛友如云，在五环旗下交流，增进友谊、消解隔膜，并进一步丰富奥林匹克的文化内涵。由此我们可以看出，我们文物博物馆和文物博物馆工作者在这次奥运会中贡献巨大，无可替代，以自己独特的优势参与奥运、贡献奥运、服务奥运，为“人文奥运”理念写上了浓墨重彩的一笔。第 29 届奥运会取得了巨大的成功，它的诸多内容为奥运增光添彩，是一次极具中国特色的奥运会，这些必将永载奥运史册。值得骄傲的是，北京奥运会取得的这些成就包含了我们文物博物馆和文物博物馆工作者的巨大贡献。

全国文物系统的通力合作，各有关省市文物行政部门、文物博物馆单位的鼎力支持，是这次奥运系列特展取得成功的有力保证。在此，我代表国家文物局对北京市和各地文物部门的合作、支持表示崇高的敬意和诚挚的感谢，并希望系统总结和推广这次奥运系列特展把握机遇、整合资源、凝聚力量、展现优势的办展模式和经验，向广大公众奉献出更多、更好的展览文化大餐。

在中国文字博物馆陈列大纲专家论证会上的讲话

（2008年12月23日）

中国文字博物馆陈列大纲专家论证会

中国文字博物馆自立项以来，各项建设工作正在有序推进。今天，我们在这里召开中国文字博物馆陈列大纲专家论证会。首先，我代表国家文物局，对与会的各位专家表示热烈的欢迎和衷心的感谢，并恳请各位专家不吝赐教，对河南省提出的《中国文字博物馆陈列大纲》多提宝贵意见。下面我就做好中国文字博物馆的陈列工作谈几点意见和建议，供各位专家参考。

一、关于中国文字博物馆的进展情况

中国文字博物馆建设是国家“十一五”期间的重大文化工程，自

2005年破土奠基以来，经过各有关部门和单位的积极努力，截至目前：文字博物馆已基本完成了土建主体工程，进入装饰装修阶段。河南省政府为做好此项工作，在文化部、教育部、中国社会科学院、国家文物局的推荐和支持下，成立了由多领域、多学科知名专家、学者组成的专家委员会，为中国文字博物馆建设奠定了坚实的学术基础。陈列大纲也在各方面专家的参与下，经过多次论证、修改，已完成了编写工作，这次提交的陈列大纲已是第五稿。中国文字博物馆建成开放后的管理模式和运营机制，正在深入研究和积极探索之中。总之，中国文字博物馆建设工程开局良好，进展有序，形势喜人，为下一阶段各项工作的开展夯实了基础。

2009年是中国文字博物馆建设的关键一年，也是各项工作继续深化和收尾的一年。为确保能够在明年年底前建成开放，国家文物局等部门将进一步加大对中国文字博物馆建设的协调指导和支持力度。今年11月，国务院副秘书长项兆伦主持召开了中国文字博物馆建设工作协调会，进一步明确了各有关部门支持河南省建设中国文字博物馆工作的责任分工，以及下一阶段的重点工作任务，对中国文字博物馆的近期工作也进行了部署。根据会议的要求，国家文物局今天在这里与河南省政府共同组织召开中国文字博物馆陈列大纲专家论证会。

二、关于做好中国文字博物馆陈列工作的建议

陈列是衡量博物馆各项工作质量的重要指标，中国文字博物馆能否顺利开放，实现自身的功能定位，陈列的水平是非常关键的一环。为此我们要正确把握好陈列工作中的“四个结合”。

一是把握好博物馆定位与展览主题的结合。应根据中国文字博物馆功能定位的要求，围绕汉字文化科普中心，爱国主义教育基地，中华文化展示窗口和国际性文化交流平台的宗旨目标，确定陈列主

题，明确展览内容，构建展示体系，以高水平的陈列体现中国文字博物馆的功能定位。

二是把握好展览的专业性、知识性与广大民众的精神文化需求的结合。随着博物馆免费开放政策的实施，办展理念已从为观众服务拓展到为公众服务，要立足大众的精神文化需求，在深入挖掘文物展品的内涵、充分吸纳学术研究成果、全面揭示展览主题的基础上，以适合大众口味、符合观众欣赏需求的形式，最大限度地实现陈列的思想性、学术性、知识性、趣味性的有机结合。

三是把握好汉字展示与多民族文字展示的结合。我国自古以来就是一个多民族的国家。中华文明历史悠久，博大精深，各民族语言文字更是源远流长、丰富多彩。要立足于世界文字发展的背景，以汉文字演变为主线，以多民族文字发展为重要补充，统筹内容，突出主题，兼顾古今，繁简得当，展现文字在凝聚民族精神，构建中华文明体系中的桥梁纽带作用。

四是把握好展示的内容需要与展品现实可行性的结合。既要着眼于陈列内容的系统性和完整性，又要从实际出发，立足于有物可言，以河南省所能提供的文物资料为主体，国内文物博物馆机构通过交换、借用、有偿调拨等形式可能提供的文物展品为补充，合理编制主题鲜明、可操作性强的陈列大纲，重点解决展品的燃眉之需。同时要开阔思路，加强交流合作，积极举办和引进符合中国文字博物馆功能定位的临时展览，提升博物馆对公众的吸引力。

各位专家，中国文字博物馆的建设离不开社会各界的积极参与，特别是在座诸位的关心与指导，按照今天的会议安排，大家还要对《中国文字博物馆陈列大纲》进行论证。希望大家充分发表意见，为完善陈列大纲献计献策，共同推进中国文字博物馆的建设。

在"早期中国——中华文明起源展"开幕式上的讲话

（2009年9月26日）

早期中国——中华文明起源展

首先，请允许我代表本次展览的各主办单位，对各位领导、各界来宾参加"早期中国——中华文明起源展"开幕式，表示热烈的欢迎！

自1899年发现殷墟甲骨文以来，追寻中华文明起源的脚步就没有停止过。探寻中华文明的源头不但是中外学术界历久弥新的课题，更是每个中华儿女热切关注的焦点；不仅具有重大学术意义，对于弘扬中华民族优秀传统文化，振奋民族精神，维护民族团结和国家统一，实现中华民族的伟大复兴同样具有十分重要的意义。历经数代学人的不懈努力，至20世纪末，国内外学者利用自然科学多种技术和考古学研究成果，中华文明探源研究取得了阶段性进展，但是仍然存在大量有待解决的问题，特别是对于中华文明何时形成、如何形成、早期中华文明的特点等一系列重要问题都远没有得出一致的认识。

由文化部、科技部、财政部和国家文物局主办的“早期中国——中华文明起源展”，是首次以展览方式展示了公元前3500年至公元前1400年中华文明的起源及其早期发展历程，也是自2001年以来“中华文明探源工程”这一国家重大科技项目的阶段性成果总结。

在中国文字博物馆开馆陈列展览审查指导组会议上的讲话

（2009年11月9日）

河南安阳中国文字博物馆开馆陈列展览审查

两天来，中国文字博物馆开馆陈列展览审查指导组的全体成员进行了辛勤的卓有成效的工作。

在昨天晚上认真听取陈列展览情况汇报，今天上午详细审查展厅陈列展览，今天下午及时召开专家审查会的基础上，对陈列展览的有关重点问题进行了深入研究。专家组对中国文字博物馆开馆陈列展览的总体情况给予了积极评价，认为陈列展览明确反映了中国文字发展史的基本脉络，生动展现了中国文字对中华文明发展所产生的巨大推动作用，是一个定位准确、主题鲜明、思路清晰、结构合理、内容丰富、气势宏伟的展览。因此，专家组认为，陈列展览的质量，已经达到开馆展示的水平。

同时，专家组对陈列展览中存在的问题提出了宝贵意见，为陈列展览的下一步修改完善提供了重要的依据。今天中午，中国文字博物馆组织有关业务人员，对专家们的审查意见进行了初步的原汁原味的梳理，为今天下午召开的专家审查会创造了条件，从专家们审查的情况和所提出的意见看，在开馆前后，还有大量工作要做。为确保陈列展览真正达到国家级博物馆应有的高水平，实现如期高质量开馆，并在中国文字博物馆开馆之后不断提高水平。建议充分吸纳专家组有关陈列展览修改调整的意见，对专家们的意见进行科学分类，分出轻重缓急，具体修改调整工作要根据需要积极分步安排，逐项落实。

第一步，凡是存在涉及祖国统一方面的问题、民族团结方面的问题以及其他明显的常识性问题的错误，应该在中国文字博物馆开馆前进行修改。一些陈列文物展柜的上部空间需要增加放大的拓片或照片等背景图的问题；一些展板和展品的文字说明和展牌不够规范的问题；一些灯光设计不符合陈列要求的问题；一些展品与展柜之间尺度失调的问题；一些英语说明中的常识性问题等，陈列展览中存在的较突出的缺陷进行必要的调整。同时，建议增加一些便民设施，例如为了方便观众，增加“历史年表”或“考古学年表”，再如增加陈列展览说明折页等。根据专家们的意见，领导题词等应安排在更为合适的地方，不要放在专业陈列的展线之中。如时间允许，建议在展览结尾处增加“鸣谢”，特别感谢提供展品支持的博物馆。

第二步，凡是目前陈列展览中已经发现错误和问题，但是在开馆仪式之前来不及修改调整的部分，应该在今年年底前进行修改。例如中国文字博物馆是一个高度对外开放的国家级博物馆，是弘扬中华传统文化的重要窗口，每年都要接待大批来自世界各国的参观者，其中也必然有一些相关领域的专家学者，因此对于陈列展览中的英语水平必然提出较高要求。目前，陈列展览中存在的英语部分不够准确的问题，需要尽快聘请水平高的英语专家严格把关。再如对博物馆大厅墙壁上的装饰性文字进行调整，使之更加祥和。

第三步，对于陈列展览结构布局的重要调整，对于重要文物的征集充实等，要积极创造条件早日实现。例如少数民族文字部分应突出重点，增加主要少数民族文种的展示内容。

两天来，各位专家经过紧张的辛勤工作，按照既定计划，出色地完成了工作任务。参加此次工作的专家组的八位文字学、语言学、少数民族语言文字学和陈列展览等方面的知名专家学者，一丝不苟、认真负责的工作态度，实事求是、精益求精的学术精神，给全部工作人员留下了深刻印象，是我们做好今后工作的学习榜样。在今后各个阶段的修改调整过程中，面对难以把握的专业内容，还应及时请专家们把关。

中国文字博物馆开馆在即，在开馆仪式之前，要切实加强各方面的管理。首先是安全问题，各项安全措施，包括参观者的安全和文物的安全，文物的安全又包括防止盗窃和火灾等突发事件的发生。其次是加强优秀员工的培养，提升整体素质。作为一个国家级的博物馆，必须要有一批管理骨干和业务骨干才能保证博物馆的藏品征集与保管、学术研究与交流、社会教育与宣传的各项工作。

鉴于专家组对陈列展览给予的肯定，同时开馆的各项准备工作已经基本准备就绪，因此我们认为，中国文字博物馆开馆的条件已经具备，建议中国文字博物馆2009年11月16日可以如期隆重开馆。我们相信，中国文字博物馆的成功创建，及其展现出来的文化自觉和艰苦奋斗精神，将永久载入我国博物馆事业发展的史册。

关于设立博物馆陈列展览工程资质管理制度的提案①

（2010 年 3 月）

陈列展览是博物馆工作的核心内容，博物馆通过文物、标本等藏品的组合陈列展示，传播历史、艺术、科学知识，履行社会教育和服务职能。目前，每年全国博物馆举办的陈列展览达到 1 万个左右，随着博物馆免费开放的实施，陈列展览的重要性更加突出。

当前，陈列展览的内容设计一般由博物馆自身完成，艺术设计、制作、布置大多借助社会力量，通过政府采购招标等形式确定承接单位。由于对博物馆陈列展览工程的特殊性认识不足，经常将博物馆陈列展览工程混同于普通建筑装饰工程，缺乏统一的陈列展览设计施工管理制度，博物馆陈列展览工程的从业基本条件不明确，缺乏相关标准和规范，很多博物馆的陈列展览由普通的装潢装修公司承担形式设计和施工，难以达到令人满意的效果。

从本质上讲，博物馆陈列展览工程包含美化装饰，但主要不是普通建筑装饰工程，而是一项兼具学术性和科学性的文化创造。博物馆陈列展览工程的目标和性质、任务和内容以及形式的特殊性、专业性和二度创作的必要性，是其区别于普通建筑装饰工程的充分

① 此文为在全国政协十一届三次会议上的提案，联名提案人：郁钧剑、余辉、韩书力、杨一奔、陈力、董良翚、王川平、张和平、吕章申、张海、赵忠贤、詹祥生、仲呈祥、田青、赵维绥、刘敏、冯英、夏燕月、杜滋龄、张廷皓、苏士澍、吴祖强、宋春丽、陈祖芬、尼玛泽仁、王书平、樊锦诗、张柏、席强、阿拉泰、林建岳、郭瓦加毛吉、王霞、刘庆柱、侯露、高延青、安家瑶、丹增、孟广禄、耿其昌、龙瑞、杨力舟、姜昆。

依据，与普通建筑装饰工程在管理上有重大差异。

首先，博物馆陈列展览工程是以学术研究资料和文物标本为基础，展示设备和技术为平台，辅助艺术形式为切入点，高度综合的、专业性和前沿性极强的工作。从基本属性上讲，博物馆陈列展览工程是一项思想性、科学性和艺术性很强的艺术工程，是一项面向大众的知识、信息和文化传播工程。因此，博物馆陈列展览工程与侧重环境美化和装饰的普通建筑装饰工程有着本质上的不同。

其次，博物馆陈列展览工程具有自己独特的工程内容和工作规律。承担博物馆陈列展览工程的机构必须对陈列展览内容文本及其学术资料、文物标本有一个再研究的过程，即通过对展览传播和教育目的、展览主题和内容以及特定展示空间研究的基础上，对展品和材料进行取舍、补充、加工和组合，同时运用形象思维，塑造出能鲜明、准确地表达展览传播和教育目的、展览主题思想和内容的陈列艺术形象序列。还要善于处理文物的安全环境。显然，博物馆陈列展览工程与普通建筑装饰工程的内容和工作规律有着本质上的不同。

再次，博物馆陈列展览除文物标本外，大量采用艺术水准较高的辅助艺术品和具有相当技术含量的科技装置，例如：地图、模型、沙盘、景箱、场景、蜡像、壁画、油画、半景画、全景画、雕塑、多媒体、动画、幻影成像、影视、观众参与装置等。它们往往不是市场上的通用品，而是需要专门委托设计和制作的。普通建筑装饰工程中虽然也有艺术创作，但是这些艺术创作往往不以知识、信息和文化传播为主要目的，可以无学术依据地发挥和演绎。总之，博物馆陈列展览设计制作机构及其创作人员和工程管理人员的知识结构和知识水平要远高于普通建筑装饰公司。

最后，一般普通建筑装饰工程中艺术创作工程量很少，而博物馆陈列展览工程则完全相反。也就是说在整个博物馆陈列展览工程中，占工程量绝大部分的是艺术设计和创作活动。一般来讲，普通建筑装饰工程的工程量仅占整个博物馆陈列展览工程中的25%左右，其他都是艺术工程，包括展柜和道具、特殊照明也讲究艺术性。显然，从两者工程量中艺术创作的比重看，博物馆陈列展览工程也不同于普通建筑装饰工程。

英国维多利亚和阿尔伯特博物馆

因此，博物馆陈列展览工程的委托和管理应该尊重其特殊性和规律性，要区别于普通建筑装饰工程的委托与管理，即不能将博物馆陈列展览工程简单为普通建筑装饰工程，在博物馆陈列展览工程委托、控制、验收、决算和审计上，不能按普通建筑装饰工程来进行管理。例如，在博物馆陈列展览工程机构资格审查和工程委托上，不能仅以普通建筑装潢资质作为入围的必要条件，而应以博物馆陈列展览工程的资质和业绩作为入围的必要条件；应该将陈列展览工程委托给那些具有博物馆陈列展览工程设计和施工能力的机构，而不是普通建筑装饰公司。在制作博物馆陈列展览过程中及竣工后因质量问题已经发生多起文物展品损毁的安全事故，例如1999年湖北省博物馆、2007年甘肃省博物馆等单位布置陈列的珍贵文物损毁，就是典型的惨痛教训。

博物馆陈列展览工程管理问题日益引起社会各界关注。随着我国博物馆事业的快速发展和博物馆陈列展览工程的社会化，博物馆陈列展览工程的规模不断扩大。但是，由于目前我国在博物馆陈列展览工程管理方面依然制度、规范和标准缺位，严重影响了博物馆陈列展览工程的质量。为了加强对博物馆陈列展览工程的行业规范管理，使博物馆主管部门、展览筹办方、设计施工方有章可循和有法可依，保障博物馆陈列展览工程的质量，应研究确立博物馆陈列展览工程资质管理基本制度，尊重博物馆陈列展览工程的特殊性和内在规律，制定博物馆陈列展览工程管理规范和标准，包括《博物馆展览工程管理办法》《博物馆展览工程资格管理办法》《博物馆展览形式设计规范》和《博物馆展览工程核算标准》等。

建议国务院法制办公室将博物馆陈列展览工程资质管理基本制度通过行政法规，例如《博物馆条例》予以确立，具体内容包括：

（一）博物馆陈列展览的艺术设计、施工，由取得博物馆陈列展览工程资质证书的单位承担；

（二）承担博物馆陈列展览工程的单位，应当同时取得文物行政主管部门颁发的相应等级的博物馆陈列展览工程资质证书和建设行政主管部门颁发的相应等级的建筑装饰设计和施工资质证书；

（三）申领博物馆陈列展览工程资质证书的单位，应当有从事博物馆陈列展览设计的专业人员，有取得文物博物馆专业技术职务的人员，有从事博物馆陈列展览工程实施所需的技术设备以及具有法律、行政法规规定的其他条件。

关于国家博物馆建设和发展的建议意见

（2010年12月17日）

国家博物馆的建设，是我国博物馆事业发展历程中的一件大事，是精神文明建设中的一项重大工程。国家博物馆扩建工程即将竣工，硬件条件将得到极大改善。国家博物馆的规模和功能将因此得到充分的扩展，成为包含中国古代历史、近现代历史、民族、民俗、艺术、美术以及世界文明等多门类文化遗产保护、研究、展示、传播的国家文明形象的杰出代表。

国家文物局一直重视和关注国家博物馆的建设和发展，将切实履行法律赋予的行业指导和宏观管理职责，为国家博物馆的改革和发展提供强有力的协调和服务。

一、支持国家博物馆加强战略研究，面向现代化、面向世界、面向未来，进一步明确宗旨使命、功能定位和发展方向、战略目标以及具体任务，制定和实施改革和发展中长期规划，全面提升工作水平，创建世界一流博物馆。

二、支持国家博物馆以新馆建成开放为契机，按照文化体制改革的总体要求，创新体制机制，着力探索健全博物馆法人治理结构，逐步实行理事会决策、馆长负责的运行机制，率先建立现代博物馆制度。

三、支持国家博物馆藏品体系的充实和完善，对需要征集的文物做出统筹规划，从客观实际出发，加强社会合作，采取有效措施，有计划地组织文物征集，不断充实馆藏，提高藏品数量和质量。做好中国文物信息咨询中心移交的39万件“文留”文物的清理、点交和保护、展示、利用。

四、支持国家博物馆深化国际交流，发挥馆际战略协作示范引领作用，加快构建以点带面、辐射全国、面向世界的博物馆综合资源共享平台。积极落实中意文化遗产保护“备忘录”要求，2011年6月启用意大利文物长期展厅并及时开展。

五、支持国家博物馆人才立馆、学术立馆，构建学术研究平台。深化人事制度改革，建立相应的竞争、激励、约束机制，优化组织结构，完善职位管理，保持合理的人员结构和规模。注重学术梯队和优秀中青年队伍建设，稳定高水平专业技术队伍。

六、支持将国际友谊博物馆并入国家博物馆，加强对国礼的集中保护和传承，丰富国家博物馆的馆藏、陈列和研究，充分发挥国礼在政治、外交、经济社会建设和精神文明建设中的重大作用。

七、支持国家博物馆基本陈列的精心筹办，体现民族特色、国家气派和时代精神，达到国际一流水准。

（一）从中国历史发展的实际出发，全面、完整地揭示推动历史前进的社会因素的结构和动力，努力表现中国历代文明发展的特点和规律。

（二）将中国历史置于世界历史的大环境中，妥善处理中国文明史与世界文明史的关系，使观众在人类文明的宏大参照系中更加深刻地理解中国文明的鲜明特点及对人类文明的独特贡献。

（三）贴近学科研究前沿，反映学术研究的新水平，对于历史学、考古学等领域已基本公认的最新成果，特别是近年来考古重大新发现的成果，尽可能予以体现。

（四）强调陈列艺术和美学的高标准，学术性与通俗性有机结合，以观众为本，运用现代陈列艺术手法，合理采用高科技的展示手段，增强陈列的可视性、参与性和趣味性。

（五）按照国际先进的文物保护与环境检测标准评估和实施陈列方案，确保所有珍贵文物在陈列展览中的安全。

关于建立文物异地展览保险基金的提案①

（2011 年 3 月）

文物展览交流有助于扩大并促进民众对各自文化特点和文化领域成就的深入了解，是对组成全人类文化遗产的其他民族文化价值的全面认识，因此博物馆之间开展文物交流展览成为国际博物馆界普遍认同的发展方向。为保障馆际交流展览中的文物安全，1978 年联合国教科文组织第 20 届大会通过了《关于保护可移动文化财产的建议》，指出"可移动文化财产在运输和临时展览中由于环境变化、操作不当、包装不正确或其他不利条件而产生的风险有相当增加，对损坏或丢失予以适当保险是重要的；建议各成员国考虑通过立法、规章或其他形式设立一种像一些国家已经存在的政府担保制度，或一种由国家或任何团体以支付可减让保险免赔额或超额损失而部分承担风险的制度"。这说明，政府应在文物异地展览安全保险方面扮演重要角色。

一些博物馆事业发达的国家已经设立了此类政府保险基金，为文物馆际交流提供政府担保。例如瑞典颁布"展览国家保证法令"，政府对参展文物价值不低于 2 万克朗或巡回展览文物价值不低于 20 万克朗的非营利性展览提供担保，由文化事务全国理事会对展览的价值、安全条件等进行审核并征求法律、财务以及行政服务机构的

① 此文为在全国政协十一届四次会议上的提案，联名提案人：夏燕月、董良翚、宋祖英、侯露、宋春丽、张国勇、田青、郭瓦加毛吉、陈醉、阿拉泰、张会军、王书平、詹祥生、耿其昌、张健、赵维绥、张海、尼玛泽仁、杜滋龄、王霞、王兴东、于魁智、林文增、徐翔、陈力、贾平凹、黄济人、杨力舟、龙瑞、冯英、仲呈祥、张学津、陈祖芬、刘敏、姜昆、王立平、秦百兰、马博敏、朱乐耕、吴玉霞、王川平。

意见，做出是否予以担保的决定。发生事故后，取得政府展览担保资格的单位或个人可以向文化事务全国理事会提出赔偿申请，经法律、财务以及行政服务机构审核通过后提交政府赔付。

近年来，为满足国内群众日益增长的精神文化需求和我国对外文化交流的需要，众多博物馆机构积极筹划与国内外博物馆开展合作，举办越来越多的境内外文物展览交流活动。2009 年仅全国文物系统 2252 个博物馆就举办了临时展览 9204 个，年接待观众 3.27 亿人次。全国博物馆每年赴境外的文物展览达 80 余个。文物展览成为近年我国与意大利、俄罗斯、比利时、印度等有关国家互办“文化年”系列活动中的重点项目。同时，越来越多的博物馆开始有计划地引进国外文物展览，向国内公众推介世界各国先进文化。

随着展览交流项目的增多，文物在运输和临时展览期间，各种不确定因素的影响而受损的风险大大增加。为做好风险预防，降低风险系数，参照一些国家的先进经验，国家文物局颁布了《文物出境展览管理规定》和《文物入境展览管理暂行规定》，明确规定相关机构必须为出入境展览中的参展文物购买保险。目前，我国举办的出入境展览均能按规定为参展展品购买保险，基本实现与国际接轨。但是，保险费用占外展总经费的比例过高，导致陈列布展经费被压缩，展览水平无法得到有效提升。例如中国文物交流中心赴印度举办的“华夏瑰宝展”，保险费用为 60 万元人民币，占展览总经费的 30%；上海博物馆引进日本数家博物馆的“千年丹青——中日收藏的中国唐宋元绘画展”，保险费用为 52.5 万元人民币，占展览总经费的 36.61%。

然而，出入境展览只是我国文物展览中的一小部分，随着博物馆免费开放后公众对文物展览的文化需求日益增长，国内馆际展览交流日趋繁荣，大量文物处于移动、运输和重新进入新环境的状态。自 2008 年 1 月以来，全国 2193 家免费开放博物馆纪念馆中，有

1340 余家博物馆纪念馆举办了临时展览 15840 个。但是这些数量巨大的国内馆际交流展览，却普遍缺乏保险措施。由于国内在文物保险领域尚未发展成熟，保险公司缺乏文物保险的相关专业知识和经验，无法为文物安全提供有力保障，同时高昂的保险费用也使诸多资金匮乏的博物馆无力承担，有限的经费只能勉强应对筹备、设计、制作展览，根本不可能为文物展品支付高额的保费，大大增加了文物在运输和展览过程中的安全风险。

随着博物馆文物展览交流的频率不断加快，为有效防范文物展品安全风险，切实保障宝贵的文化财产安全，必须在借鉴世界各国有益经验基础上，研究设立由政府主导的文物异地展览保险基金。文物异地展览保险基金的设立，将大大提高我国文物安全管理水平，一方面为出展文物提供专业可靠的安全保证，另一方面有效降低博物馆办展成本，提高馆际交流展览的水平和规模，同时有利于我国文物交流展览与国际接轨，为国外博物馆到中国举办高水平展览提供依据，更好地推进中外文化交流，提升我国的国际影响力和国家文化软实力。为此向财政部提出如下建议。

一、对于境内临时展览，由政府提供担保，由政府设立的文物异地展览保险基金提供赔付。由国家文物行政部门会同相关部门对展览的价值、安全条件等进行审核并做出是否予以担保的决定。由政府担保的展览如果发生事故，办展单位可以向国家文物行政部门提出赔偿申请，经财政、文物、法律等行政部门审核通过后提交政府赔付。

二、对于出入境展览，充分考虑合作方所在国法律规定，建立相应的担保制度。可采用两种形式，一是比照境内临时展览，由政府提供担保；二是由政府代替展览机构出资购买商业保险，投保经费和赔付经费均从文物异地展览保险基金中划拨。由国家文物行政部门会同相关部门受理申请并出具意见，财政部根据相关意见安排经费。

在“辽河寻根　文明溯源——中华文明起源展”开幕式上的致辞

（2011 年 5 月 18 日）

辽宁辽河寻根文明溯源——中华文明起源展开幕式

经过几个月的紧张筹备，由国家文物局、科技部、辽宁省政府共同主办的“辽河寻根 文明溯源——中华文明起源展”在第 35 个“5 · 18 国际博物馆日”到来之际正式开幕。

具有 5000 多年悠久历史的中华文明，是中华民族生生不息的精神源泉，也是世界上从未中断、独具特色的原生文明之一，它汇聚中华各民族的优秀文化，逐渐成长、壮大，至今仍然生机勃勃。长期以来，探寻中华文明的源头，一直为中外学界和每一个中华儿女所热切关注。自2001年起，科技部和国家文物局等有关部委共同启动实施了“中华文明探源工程”，通过多学科联合攻关，揭示中华文明起源与早期发展的丰富内涵，诠释中华文明形成的时间、地域、过程、原因和机制等问题；同时在与世界其他古代文明的比较研究中，探讨了中华文明与周边地区文明化进程的互动关系，总结了早期中华文明的特点，以及对世界文明发展史的重要贡献。

辽河文明的研究是中华文明探源工程的重要组成部分。辽河流域是我国中原接连东北乃至东北亚的重要桥梁和纽带，是中华文明的重要发源地之一。20世纪80年代以来，辽河流域一批重大考古发现表明，辽河流域作为我国东北古文化发展的重心和中原与东北相接触的前沿地区，有着悠久的历史和独具特色的自成谱系的考古学文化。位于辽西山区牛河梁的红山文化晚期祭祀中心，是5000年前古国的象征。后来又经历了以夏家店下层文化为代表的方国时代，最终汇入统一多民族的秦汉帝国。辽河流域文明的形成和发展，是中华文明起源多源性的生动体现，也反映出辽河流域在中华文明形成过程中的重要地位和作用。

“中华文明探源工程”的重要工作之一就是及时展示、准确宣传研究成果，促进研究成果的社会化应用。2009年，国家文物局会同科技部等有关部门在京举办了“早期中国——中华文明起源展”，是我国第一次以展览的形式向全社会宣传、展示中华文明的起源历程，展览取得了圆满成功。在此基础上，国家文物局继续会同有关省份和部门举办该主题的系列展览，在整体介绍中华文明起源研究成果的同时，有重点地介绍早期文明相关地域的发展历程，通过展览进一步告诉公众，多元中存在着相互关联，即多元一体，从多元走向统一，统一中又有多元，是中华文明的活力和魅力所在。

本次展览是“中华文明探源工程”阶段性成果的一个展示。关于中华文明起源仍有许多悬而未决的问题需要我们探索和解答。我们相信，随着国家对文化软实力建设的日益重视，随着考古新材料的愈加丰富，随着“中华文明探源工程”等研究项目成果的不断取得，中华文明的起源和发展问题会得到更好的解决。

本次展览是一个面向社会大众的关于中华文明探源成果与文明起源科学知识的普及展。希望承办单位继续努力，以本次展览为载体，采取多种方式，做好展览的宣传推广工作，将中华文明探源成果和文明起源的相关知识传递给社会，使广大民众充分享受文化遗产保护的成果，使全社会都来关注、支持、参与文化遗产事业。

在中原文明 华夏之光——中华文明起源展暨陕西历史博物馆唐代壁画珍品馆开幕式上的讲话

（2011 年 6 月 20 日）

陕西中原文明 华夏之光——中华文明起源展

今天，陕西历史博物馆可谓是高朋满座，双喜临门！由科技部、国家文物局、陕西省政府共同主办的“中原文明 华夏之光——中华文明起源展”正式开幕，同时，陕西历史博物馆唐代壁画珍品馆也正式开馆。

中华文明是世界上最重要的历史悠久、独具特色的原生文明之一，它汇聚中华各民族的优秀文化，逐渐成长、壮大，至今仍然生机勃勃、从未中断，是中华民族生生不息的精神源泉。自 2001 年起，在科技部和国家文物局等有关部委的组织实施下，开始了多学科联合攻关的“中华文明探源工程”，以充分揭示早期中华文明的丰富内涵，回答中华文明形成的时间、地域、过程、原因和机制等基本问题，并探讨中华文明与周边地区文明化进程的互动关系，通过与世界其他古代文明的比较研究，总结早期中华文明的特点及其在人类文明发展史上的地位。

中原地区对于中华文明起源与早期发展有着尤为重要的意义。这里发现了距今115万年的陕西蓝田猿人头骨、距今2万6千年左右的山西襄汾丁村等旧石器时代遗存，也是新石器时代仰韶文化的主要分布区域，夏商以来，历经周秦汉唐，这里始终是中国历史上最为核心的地区。随着中华文明探源工程的广泛开展，一批重大考古发现更使中原地区成为关注的焦点，揭示了中原地区凭借优越的地理位置，在广泛吸收和传播的基础上，逐渐在中华文明早期历程中处于领先地位，成为最早国家的发源地之一，并对夏、商、周、秦帝国的产生与繁荣奠定了坚实的基础。

今天，社会各界期盼已久的唐代壁画珍品馆也即将正式开馆，唐代壁画以简约传神的人物、简洁明快的山水与栩栩如生的动植物，描绘了当时的礼仪规范、生活习俗、服饰特色、娱乐方式与建筑风格，是研究唐代社会生活和精神追求的珍贵资料。同时，唐墓壁画又极其脆弱，对保存条件要求很高，能够建设一座集保护、研究和观赏为一体的唐墓壁画馆，是广大文物博物馆工作者和社会各界的夙愿。在陕西省政府的关心、支持下，在意大利政府的帮助下，唐代壁画珍品馆建设正式完成，于陕西历史博物馆新馆落成20周年之际正式对外开放，使得我们通过这些珍贵壁画，可以饱览大唐盛世的风采。

在“故宫博物院清代新疆文物珍藏展”开幕仪式上的致辞

（2012 年 2 月 27 日）

“故宫博物院清代新疆文物珍藏展”开幕仪式

今天，新疆大地虽然还是冰封雪飘，但是自治区博物馆内却洋溢着春天般的气息。故宫博物院带着对新疆各族民众的美好祝愿，从所保管的 180 余万件文物藏品中，精选出 100 余件文物珍品，来到这里倾情展出，与广大民众共同分享这样一场文化遗产的盛宴。在此，我谨代表故宫博物院对此次展览开幕表示衷心的祝贺。

自从 2011 年 4 月文化部做出由故宫博物院支持自治区博物馆

举办一项精品展览的决定以后，两院同人即一道悉心策划，紧张筹备，遴选出绘画、书法、图书、玉器、服饰布料、武备器具等各类实物展品，并且辅以相关的精美图片，其中有些书画、服饰布料等珍贵文物为首次展出，实属难得一见。

类别丰富的文物展品，主题鲜明的文化内涵，为我们勾勒出清代新疆历史发展的轮廓。清代新疆史，是一部厚重的历史教科书，它记载了新疆归于祖国统一的历史，记载了多民族共同开发保卫祖国边疆、抗击外来侵略的历史，也记载了清代中央王朝治理新疆的兴衰史，给后人留下一份极其珍贵的历史遗产。

在新疆归于祖国统一的历史过程中，康、雍、乾三朝帝王，殚精竭虑，运筹帷幄。从清初对西部蒙古厄鲁特采取怀柔政策，到康熙皇帝的御驾亲征，再到乾隆皇帝的两平准噶尔，一定回部，总计历时甲子一轮回。尤其在乾隆朝的五年平叛过程中，得到了维吾尔、蒙古、哈萨克、柯尔克孜等地方首领和各地民众的支持，终于实现了统一新疆的大业，奠定了近代中国的版图。展品中的书画、武备器具、图书档案重现了宏大的战争画面，记载了帝王的睿智决断。

新疆地区的各民族为共同开发保卫祖国边疆、反割据与反侵略斗争做出了巨大贡献。新疆地区，自古就是多民族聚居地区。清代，天山以北，主要以厄鲁特蒙古为主，信奉藏传佛教；天山以南，则主要是信仰伊斯兰教的回部。乾隆朝一统天山南北后，对这里不同民族的不同信仰给予了极大的尊重，对其生产生活等习俗亦听其便。对于内附的部族也在新的驻地为其设庙立寺，充分便利其礼拜敬奉。版图宇内，各有信仰，各依习俗，共尊同服清廷中央政权。

边疆与内地之间物质与精神的交融，行政与管理的一统，奠定了社会进步的新基石，促进了经济发展的新局面，谱写了文化繁荣的新篇章。这一切，正是由这批百年前的文物展品来铭记，来印证，来阐发的。追思历史，是为温故而知新，鉴往而知来。历史告诫着我们，一定要维护祖国统一，加强民族团结，共建美好家园。

这项寓意深远的展览，凝聚了我们双方单位同人的汗水和智慧，在此，对他们的辛勤付出表示诚挚的敬意和由衷的感谢。

在《武汉城市历史展览陈列大纲》论证会上的发言

（2012年3月23日）

今天有幸参加《武汉城市历史展览陈列大纲》论证会，对于我来说是一次难得的学习机会。武汉市国土资源和规划局与华中师范大学的专家学者共同编制了《武汉城市历史展览陈列大纲》和《武汉规划展示馆城市历史展陈方案》，对于武汉城市历史进行了详细梳理，阅读以后受益匪浅，很受启发。

昨天从飞机场到市里的路上，看到了正在建设的武汉市“市民之家”，建设市民之家符合当前关注民生、构建和谐社会的形势要求，有利于实现政务公开，有利于方便民众，架起城市规划建设和发展与社会公众日常生活之间沟通的桥梁。就当前的普遍意义来讲，城市政府的确应该减少“衙门”气息，增加“亲民”氛围。

根据刚才的介绍，在武汉市“市民之家中”，计划建设面积达22400平方米武汉规划展示馆，并为规划展示馆确立了要发挥的“五个作用”定位，可见武汉市对于这个项目十分重视和充满期待。武汉规划展示馆的建设，有利于实现城市规划在“阳光”下运行，保障普通市民和社会民众对于城市发展的知情权、监督权、参与权和受益权。

武汉是国家历史文化名城，在武汉规划展示馆内设立历史展区，有利于彰显城市文化特色，有利于增强市民的自豪感、归属感。

我体会，市民之家、武汉规划展示馆、历史展区，层层递进，步步深入，成为一个整体，相互联系，相互强化。

近年来，不少城市开始建设“集中审批大厅”等设施，有的比较成功，也有的不太成功，关键在于如何定位，是为部门服务，还是为市民和社会公众服务，这是成功的关键。武汉市建设“市民之家”，令人耳目一新。“市民之家”应该主要集中办理与市民和社会民众“衣食住行”密切相关的服务内容，应该多考虑便民措施，使人们感到城市政府为民服务的质量和效率。而涉及城市稀缺资源利用，涉及可持续发展的内容，例如土地利用、规划调整、文化遗产保护等，则需要慎重决策。

近年来，不少城市开始建设城市规划展览馆，有的比较成功，也有的不太成功。能否突出自己城市的特色，是成败的关键。刚才听胡立山副市长讲道，武汉的城市文化特色中有“豪爽、热情、敢于创新、敢为人先”的城市精神。城市精神是城市文化的重要内核，是对城市文化积淀进行提升的结果，是城市文化的精髓，是实现社会和谐、诚信、责任、尊重、公正和关怀的保证。只有将城市文化精髓贯彻到城市发展的各项事业之中，才能实现文化与经济发展的良性循环。

因此规划展示馆应该突出武汉城市的特质、精神和文化底蕴，应该充分展示城市的特色。与世界上很多大城市相比，武汉城市的文化发育非常成熟，历史积淀非常深厚，城市个性非常突出，因此城市规划建设应该更加突出高尚的品位，更加突出鲜明的特色，从而避免城市面貌的趋同，避免从一座伟大的文化城市沦为一座“千城一面”城市之林中的平庸城市。

在“市民之家”内建设城市规划展示馆，就是要使每一位市民和社会民众了解城市规划建设与他们的现实生活的密切关系；了解城市规划建设是为了创造良好的人居环境，既包括物质环境，又包括文化环境；了解城市规划的价值，是为了合理配制公共资源，保护人文与自然环境，维护社会公平，避免城市建设失调的重要手段，城市规划建设的根本目的不仅是要建设一个环境优美的功能城市，更在于建设一个社会和谐的文化城市。

好的城市规划展示，不但可以实现人们对城市特色的追求和丰富形象的体验，而且可以唤起市民的归属感、荣誉感和责任感，可以激发人们的积极性和创造性。要使来到城市规划展示馆的每一位市民和社会民众感受到，城市管理是一项复杂的系统工程，肩负着对未来城市的责任。通过城市规划管理不但要为人们提供工作方便、生活舒适、环境优美、安全稳定的物质环境，而且要为人们提供安静和谐、活泼快乐、礼让互助、精神高尚的文化环境。

同时，城市规划展示要注重时效性。目前，有的城市规划展示馆的沙盘和内容，一劳永逸，不能经常调整，久而久之，失去对于市民和社会民众的吸引力。因此，城市规划展示要经常维护，及时调整，常办常新。

近年来，不少城市的城市规划展示馆都有城市历史陈列，有的比较成功，也有的不太成功。关键不仅要使市民和社会公众了解历史，而且要使人们感受到悠久的历史、灿烂的文化和众多物质的非物质的文化遗产，对于他们现实生活不可替代的意义。

武汉的城市记忆是在历史长河中一点一滴地积累起来，从文化景观到历史街区，从文物古迹到传统民居，从生活习惯到社会习俗等，众多物质的与非物质的文化遗产，都是形成一座城市记忆的有力物证，也是武汉城市文化价值的重要体现。通过历史陈列展示应该使社会民众了解武汉的悠久历史和灿烂文化，避免城市记忆的消失。

陈列展览是规划展示馆的核心内容，是直接服务市民和社会民众的重要手段，应树立精品意识。规划展示馆陈列展览包括设计与制作、展览与开放、交流与服务等很多方面，应该是研究成果的集中体现，体现出规划展示馆的综合水平。陈列展示可以采取多种手段，既包括文图展板、沙盘模型、实物雕塑，也包括电子动漫、激光投影、幻影成像，还可以包括电子触摸屏、其他多媒体技术等，展示方法日新月异。但是所有的展示方法都要围绕和突出展览的文化主题，增加文化内涵和科技含量，而不能变成一般的娱乐场所。陈列展览应力争达到历史性与时代性、思想性与观赏性、科学性与艺术性、学术性与趣味性、知识性与通俗性的完美结合。

对此我有两点建议？

一是，陈列展览中要突出武汉历史长河中城市变迁的关键节点，而不易采取所谓“通史”式展示，面面俱到。例如北京市城市规划展示的历史展示部分，主要突出 50 万年的人类历史，3000 年的建城史（西周）、800 年的建都史（辽金元明清）、60 年的中华人民共和国首都等四个部分，有取有舍，对于新石器时代、秦汉、隋唐等时代则一带而过。《武汉城市历史展览陈列大纲》中也突出了四个时代，第一单元是远古至魏晋——城市文明兴起，第二单元是南北朝至明清——区域中心，第三单元是晚清至民国——现代工商都会，第四单元是中华人民共和国成立至今——从工业基地到多功能城市，这是一个很好的架构。可以在此基础上进一步突出重点，提炼主题。例如“晚清至民国——现代工商都会”能否进一步突出武汉在中国近代史中波澜壮阔、跌宕起伏的历史。

陈列展览应突出重要文化创造、重大历史事件和重要历史人物对于武汉城市发展不可替代的突出作用。例如春秋战国时期，楚文化的物质文明——青铜冶铸、丝织刺绣；精神文明——哲学、诗赋、美术、乐舞等对于城市文化的影响。例如重大历史事件：辛亥武昌起义；1927年三镇合组，定名武汉，作为临时首都；1927年中共中央机关迁至武汉，召开第五次代表大会；1938年武汉会战，抗日战争中双方投入兵力最多，战况最惨烈的战斗等；例如武汉作为中国内地对外通商口岸、三大工业基地之一、水陆交通枢纽的历史地位和作用。例如历史名人、文化名人屈原；在武汉屯兵七年的抗金名将岳飞；举办洋务新政的张之洞等。总之，武汉的城市特色是历史的积淀和文化的凝结，是城市外在形象与精神内质的有机统一，是由武汉城市的物质生活、文化传统、地理环境等诸因素综合作用的产物。

二是，要突出文化遗产保护与市民和社会公众现实生活的关系。今天，我们处于从“文物保护”走向“文化遗产保护”的转型时期，文化遗产保护与文物保护相比，在内涵方面和外延方面都有不少深化和扩展。内涵深化方面主要体现时代传承性和公众参与性，外延扩展方面主要体现新型文化遗产保护的趋势。文化遗产与自然遗产、静态遗产与动态遗产、古代遗产与当代遗产、物质遗产与非物质遗产，包括工业遗产、乡土建筑、20世纪遗产、文化线路、文化景观等新型文化遗产。这些希望能够在我们的陈列展览中加以体现。例如文化景观遗产的保护对于武汉城市文化特色具有突出作用。我曾经将文化景观遗产归纳为八种类型，在武汉几乎都能找到，包括城市类文化景观、乡村类文化景观、山水类文化景观、遗址类文化景观、宗教类文化景观、民俗类文化景观、产业类文化景观、军事类文化景观。使每一个来到规划展示馆的市民和社会民众都能感受到自己的身边就有文化遗产，文化遗产保护对于自己的现实生活意义重大。

著名考古学家苏秉琦先生根据一系列重要考古发现，提出中国文明起源“满天星斗说”“古文化古城古国”等国家形成和发展模式理论，至今仍然是开展中华文明起源研究最重要的指导思想。同时，苏秉琦先生提出“大文物”的概念和大遗址保护的设想与建议，是对文化遗产保护的重大理论贡献。近年来，大遗址保护和国家考古遗址公园建设已经在众多历史文化名城中推动和实施，例如湖北荆州的大遗址保护。位于汉口北郊的商代盘龙城遗址，距今有 3500 年历史，被称为武汉城市之“根”，还有明楚王墓群、湖泗窑址群等均应及时开展大遗址保护，建设成为充满文化气息的考古遗址公园。

在“袁运甫水墨画展”开幕式暨作品捐赠仪式上的讲话

（2012年5月11日）

袁运甫先生是我国著名的画家、公共艺术家和艺术教育家。在长达60年的艺术生涯中，袁运甫先生涉猎中国画、油画、水粉画、插图艺术、设计艺术和大量公共艺术创作活动。他是中国当代艺术史中具有重要意义的艺术大家。

在绘画艺术领域，袁运甫先生的最大贡献，一是在西画创作中，通过对西方绘画艺术的研究和实践，创造出深具时代风格和本土色彩的作品；二是在中国水墨画艺术方面，着重在绘画题材、创作方法、色与墨的交融等多个方面，对传统艺术的现代性转换、发展、创新，做出了极具价值的历史性贡献，推进了中国水墨艺术的发展。

在公共艺术创作上，袁运甫先生堪称中国现代壁画复兴运动的开拓、引领者。从1973年，他创作的《长江万里图》稿，到1979年首都国际机场壁画《巴山蜀水》的落成，袁运甫先生的艺术创作，成为那个时代的标志性艺术作品。

在艺术教育方面，自1956年中央工艺美术学院成立，到今天的清华大学美术学院，袁运甫先生作为一位艺术教育家，秉承厚德载物的人生信条，特别强调加强对传统文化、民间艺术和西方现代艺术的学习和研究，形成了“大美术”的教育思想，从而打通了不同专业和艺术形态之间的藩篱，为我国艺术教育提供了更为广阔的视野。

值此袁运甫先生将五幅代表作品捐赠给故宫博物院暨袁运甫水墨画展览开幕之际，我们对先生的艺术奉献精神深表敬意。这次展览也是袁运甫先生长期以来致力于公共文化艺术的一次集中呈现。故宫博物院将一如既往，为续传中华文明，推动当代文化建设，做出应有的贡献。祝袁运甫先生身体健康，艺术之树常青。预祝展览圆满成功。

在故宫博物院展览选题研讨会上的讲话

（2012年6月1日）

昨天上午，李季副院长通知我在今天的会议上做一个发言，我说从来没有在这么多著名专家面前谈过陈列展览问题，他鼓励我说没有关系，可以讲一下初步的考虑，主要还是听各位专家的意见。

合理规划展览选题是我们一直思考的问题。在2005年故宫博物院建院80周年的时候，举办了一些很有影响的陈列展览。那么，再过3年，我们又将迎来故宫博物院建院90周年，可能也会有一次集中举办展览的过程。每隔一段时间举办一些有社会影响的展览，有高潮也有平缓，这符合博物馆展览工作的规律。我们以往在举办展览中积累的成功经验，应该在今后或者说下一轮的陈列展览中继承和发扬，对于陈列展览方面的成熟经验，也可以进一步加以明确。

经过前一段时间的调研和学习，我感到经过长期的探索与实践，故宫博物院无论在陈列展览的空间布局方面，还是在陈列展览的内容设计及形式设计方面，都形成了自身的规律和特点。这主要是因为故宫博物院建立于昔日紫禁城基础上，虽然在文物建筑内举办展览受到一些局限，但是也容易形成自己的风格和特色。每当我们走进故宫博物院的陈列展厅，都会有一种在其他博物馆体验不到的扑面而来的文化气息和身临其境的独特感受，这是一般博物馆难以模仿的环境，陈列的文物展品处于原生环境之中，也更容易体现出它们的价值，比流失异地的文物更有尊严。

今天我仅就故宫博物院陈列展览的空间布局规划谈一点不成熟的意见。我认为在陈列展览空间布局方面，可以基本明确中路、西路和东路、外西路和外东路的展览空间使用性质，有一个大体的规划布局，以便使古器物部、古书画部、宫廷部、资料信息中心等业务部处，展览部、宣教部、文保科技部、古建部等职能部处，文物管理处、保卫处、开放管理处等管理部处的工作计划更加清晰，相互协调更加顺畅。

例如中路，从太和门至御花园，中轴线上太和殿、乾清宫等大体量的主要建筑，基本上都是原状陈列，应该说已经基本上固定下来。中路的两侧朝房，其中前朝部分（包括甲库、衣库、弘义阁、体仁阁、茶库、北鞍库、内库等）可以主要展示“武备仪仗”（院藏文物 3.2 万余件）等与历史上“前朝”功能有关的文物，后寝部分（包括批本处、自鸣钟处、懋勤殿、御茶房、御膳房、寿药房等）可以主要展示“生活用具”（院藏文物近 4 万件）等与历史上“后寝”功能有关的文物。这样安排主要考虑三个方面的因素：一是文物展品与文物建筑相互呼应，更加符合原有的历史氛围，展示真实的历史情境；二是观众喜闻乐见，初次访问故宫的观众往往乐于沿中路参观，期待能够看到过去宫廷特有的物品，这是故宫博物院文物藏品独具特色的优势；三是选择体量较大，珍贵程度稍差的文物展品，经过科技保护修复后加以展示，有利于面对流量较大的观众群，在观众集中的展厅里，展示体量小的文物展品，容易形成拥挤，既不利于文物安全，也不能很好满足观众观赏要求。

同时，我认为选择一些体量较大，珍贵程度稍差的文物展品加以陈列，能够在一定程度上节省地面文物库房的面积，事实上一些典章类文物、生活用具类文物的现有库房保管条件，并不如展厅的环境理想，文物藏品需要经常有人照料，经常通通风、掸掸土，更能够使其益寿延年。昨天晚上我在修改给国务院领导的报告时，加上了一段话，“近些年，一些投资几亿甚至十几亿的大型博物馆在各地拔地而起，其实那里的文物藏品资源并不出众，而故宫博物院的文物藏品占全国博物馆系统传世珍贵文物藏品数量的60%以上。孰重孰轻，一目了然。但是，故宫博物院的珍贵文物保存状况因为长期历史欠账而得不到持续改善，目前地下库房的文物藏品保存条件不如新建的各省、市级博物馆，地面库房的文物藏品保存条件不如大部分市、县级博物馆，安防、技防水平与那些新建博物馆的差距越来越大”。

西路和东路，以养心殿、东六宫、西六宫为主，应该主要安排原状陈列。部分地点也可以安排常设展览或专题展览，例如奉先殿、斋宫等。

外西路和外东路，主要结合故宫博物院文物特色和藏品资源安排常设展览，例如在现有珍宝馆、钟表馆、书画馆、陶瓷馆等的基础上，可以安排碑帖馆（院藏文物2.8万余件），铜器馆（院藏文物近16万件），漆器馆（院藏文物1.9件），玉石器馆（院藏文物3.1万余件），雕塑馆（院藏文物1万余件），文具馆（院藏文物6.8万余件），宗教文物馆（院藏文物近4.2万件），帝后玺册馆（院藏文物5000余件），铭刻馆（院藏文物3.3万余件）。甚至可以设立一个外国文物馆，由于在历史上我国既没有侵略别国，也没有掠夺别国，因此在我国的博物馆藏品中，缺少外国文物陈列展览，但是在故宫博物院的文物藏品中有数以千计的外国文物，可以形成特色展览，展示过去时代的国家交往和文化交流。如果能有这样十几个常设展览，可以整体提升故宫博物院的服务社会水平和文化影响力。当然，这些专题常设展览不可能在短期内形成，需要结合文物建筑修缮逐步安排，但是可以有一个大致规划，加以统筹考虑。在外西路和外东路也包括部分原状陈列，例如东路的皇极殿、西路的寿康宫等。

在西路和东路以及外西路和外东路的古代建筑群中，还有不少院落和文物建筑，由于空间狭小，室类原状陈列的文物特别珍贵，因此，在观众数量不断增加的情况下不宜正式对外开放，例如漱芳斋、重华宫、建福宫、倦勤斋、雨花阁、梵华楼等。这些地点除了专业参观和特殊接待以外，可以逐渐采取数字展示的方法，将这些文物建筑和珍贵文物纳入数字博物馆的展示内容。

我认为数字博物馆也是故宫陈列展览的一个方向，很多年轻人都乐于通过先进的数字技术，包括各种三维数据的应用，了解故宫文化。数字博物馆的空间构成应该包括众多地点，目前中部有数字化应用研究所展厅，随着故宫西部地区开放，实现正式对观众展演，在故宫博物院的南部可以有端门数字博物馆展厅，北部将来还可以有大高玄殿数字博物馆展厅。同时，目前位于西南崇楼的数字故宫体验馆、位于书画馆内的视频节目播放区、位于陶瓷馆内的知识课堂互动节目等，也都是数字博物馆的组成部分。因此数字博物馆不是一个地点，而是一个组群，一个复合的概念。今后，当每天紫禁城关门以后，故宫博物院还可以对社会开放，其中南部的端门和北部的大高玄殿除了白天的开放活动外，晚上也可以作为数字博物馆对社会开放。这两个地点除了作为数字博物馆以外，还可以多功能利用，例如设立“故宫讲堂”，上海博物馆的专家讲座已经开展了80多讲，在市民文化生活中有一定影响，故宫博物院也应该为众多专家学者和社会民众之间搭建起知识的桥梁。

再有就是午门、雁翅楼在修缮完成以后，可以形成一组独具特色的现代化展厅，午门城楼建筑面积约800平方米，两侧的雁翅楼各约1000平方米，因此加在一起就是2800平方米左右。过去一些大型展览，包括来自国外著名博物馆的重要展览，非常希望在故宫博物院展出，但是由于故宫博物院缺少大规模的现代化展厅而难以实现，而将来在午门、雁翅楼展厅可以根据故宫博物院专家研究成果举办具有社会影响的大型专题特展，可以安排来自国际著名博物馆的大型展览。

目前在世界上故宫作为国际旅游目的地很有名，但是故宫博物院在国际上并不那么有名，甚至一些人认为国际上有四大博物馆，即英国的大英博物馆、法国的卢浮宫博物馆、美国的大都会博物馆和俄罗斯的艾尔米塔什博物馆。实际上世界上有五大博物馆，包括中国的故宫博物院。无论以任何标准进行评价，故宫博物院与其他世界著名的博物馆相比都毫不逊色。这五座国际著名的博物馆分别位于联合国组织的五大常任理事国，也符合一定的规律，即担任常任理事国不应仅仅是经济上的强大，也包括文化上的强大。

故宫博物院应该给每一位参观者更加强烈的博物馆印象。希望在不久的将来，参观者进入故宫博物院，在尚未跨过内金水河，走过太和门，观赏壮美的古建筑群之前，即被由午门—雁翅楼、武英殿、文华殿组成的“金三角”博物馆群所吸引。今天武英殿的书画馆和文华殿的瓷器馆都是世界一流的博物馆，有一种在其他博物馆感受不到的文化氛围。

目前东华门正在进行修缮，原定东华门修缮完成后保管书板文物，东南角楼也作为保存书板的库房。但是，建议改为西华门和西南角楼作为书板文物库房，因为今后西华门和西南角楼难以对外开放，而东华门和东南角楼可以创造条件对外开放。就周围环境的约束条件而言，东华门和东南角楼是唯一一段具备开放可能性的紫禁城城墙。东华门城楼内可以举办展示故宫古建筑群和古建藏品（院藏文物近 5000 件）展览。人们向南步行可以观赏东南角楼，再向西可以抵达午门建筑群，对于参观者来说，这一参观线路将是非常难得的文化体验。另一处可以登楼参观的地点就是神武门，今后仍然可以作为举办专题临时展览的场地。

在故宫博物院的其他地方也可以挖掘开放空间的潜力，例如以寿安宫为中心的图书馆和以西河沿为中心的文保科技用房，将来都可以对专业机构和专业人士开放。今后，使用故宫博物院院内西部“影壁楼”的单位搬走以后，应该深入研究可行性方案，针对全部保留、上部拆除、全部拆除等不同意见进行比选，确定行政办公、陈列展览、文物库房等合理利用方向。

刚才，听了各位专家的发言，很受启发。前一阶段，在陈丽华副院长的组织下，相关部处研究了下一阶段的展览选题，并登门征求各位专家的意见，得到了热情指导，初步形成了展览选题意见。在今天的讨论会上，各位专家发表了非常专业的指导性意见，不但对一些展览题材的考虑给予了积极评价，而且认为这种自下而上形成展览选题意见的工作方法很好。正像各位专家所说，显然在今后数年内搞不了这么多的展览，实际上今天研究的是故宫博物院陈列展览的选题库。具体对于一项陈列展览，则要“紧烧火、慢揭锅”，依靠各位专家带着课题意识，经过较长时间的研究，凝练形成展览内容设计，成熟一个，推出一个，推出一个，成功一个。对于酝酿和准备尚不成熟的展览，宁肯不举办。同时，与故宫文化没有关系的展览也不应该在故宫博物院举办。总之，每一项展览的举办都应该具有故宫品质、故宫水准、故宫气派，都应该令人难忘。

专家们也提到故宫博物院应该开展建院90周年的纪念活动。院庆活动要有故宫文化特色，既不需要大吃大喝，也不需要豪华铺张，而是精心筹备一系列高质量的陈列展览，这是故宫博物院的社会责任所在，也是故宫博物院应该采取的纪念方式，通过精心筹备的陈列展览回报长期以来关心和支持故宫博物院的社会公众。我们有这个条件，也有这个能力。

在慈宁宫雕塑馆方案论证会上的发言

（2012年7月30日）

雕塑类文物是故宫博物院文物藏品的重要组成部分，仅古器物部保管的雕塑文物藏品就有10000件左右。这些雕塑文物上自战国时代，下至明清时代，时间跨度长、类型品种多，具有极高的历史、艺术和科学价值。因此，建设雕塑馆就成为故宫博物院同人多年以来的愿望，也是社会各界，特别是雕塑美术界的积极呼吁。雕塑馆的建设将展示故宫文物藏品的独特魅力，体现故宫博物院的综合实力。同时，雕塑馆的设立，既可以完善故宫博物院的文物展示体系，也可以有效增加故宫博物院的开放面积。

关于雕塑馆选址在慈宁宫，是多年研究的结果，应该予以尊重，也有一定的合理性，因为故宫的西部区域佛堂较多，整体弥漫着宗教氛围，而故宫博物院的雕塑文物中以宗教类文物藏品居多，有利于强化故宫博物院的文化特色。慈宁宫古建筑群十分宏阔，总面积达7750平方米，但是古建筑的室内面积仅有2500平方米，需要精心筹划设计，可以想象未来的雕塑馆，410件文物展品，琳琅满目，将给观众多么独特的文化震撼。正像刚才李季副院长所说，雕塑展览在文物展览中是难度比较大的一类，因为雕塑展品是立体的，就像城市雕塑设计比一般城市建筑设计难度更大一样，一尊雕塑的主要功能就是令人观赏，而不像一般建筑有各自的使用功能。

特别是在故宫博物院的古建筑群中设计雕塑展览，还有很多方面的局限性。当然雕塑展览陈列设计得好，更可以给人们以其他展品难以体现的感受。

在雕塑展览方面，欧洲的博物馆有较多的经验，我们可以借鉴。但是故宫博物院的雕塑文物有自身的特点，因此展览也要有自己的特色。我们目前以内容为主进行大的展览分区，例如古代雕塑精品陈列、古代陶俑陈列、古代佛像陈列、古代陵墓雕刻陈列，分别展示宗教雕塑、墓葬雕塑、工艺雕刻等，同时在不同的展览分区中，适当按照文物展品的年代、材料等进行合理布局，既便于突出主题，又便于局部环境温度、湿度的控制，方便管理，当然具体宗教文物的相对位置，是否符合宗教规矩，还要请院内外的专家加以论证。我赞成李季副院长刚才所说，对于慈宁宫的室内外环境应该进行统一设计，整体构成雕塑馆的文化环境。同时，在保持慈宁宫文物建筑室内独特氛围的基础上，适当考虑雕塑展品背景及周围环境营造。同时，要研究大佛堂原状遗存文化信息的保护，并争取融入展览的整体氛围。例如希腊雅典卫城博物馆就在展馆中，特别展示曾经在原位置的文物信息。

在雕塑馆中，无论是宗教氛围、宫廷氛围、陵墓氛围，还是世俗氛围，都可以通过文字、图片、照片、辅助模型等加以实现，也要通过数字化展示技术加以烘托，例如最近我们看到香港亚洲学会在利用修复军火库所举办的佛教雕塑展览中，采用数字技术展示文物展品，实现历史与科技相结合，满足观众参与性观赏的需要。在博物馆展厅中，光环境的设计十分重要，需要根据不同材质、不同内容的展品，考虑自然光线和人工光源的综合运用，使雕塑美更大程度地呈现。就质地来说，计划展示的雕塑文物，包括金、银、铜、铁、石、木、陶、瓷、泥、漆、琉璃等多种材料，应针对这些雕塑的保护状况，优先实施科技保护，使这些文物藏品以健康的状态转化为文物展品。例如埃及国家大博物馆在博物馆开放前，就用数年时间进行展品科技保护。同时，对于雕塑文物展品来说，防震隔震研究应作为重点，需要学习引进国际社会的先进技术，特别是日本等多地震国家的经验。

在“艺术巨匠徐悲鸿真迹展暨国际美术作品展”开幕仪式上的讲话

（2012年8月20日）

美国丹佛艺术博物馆《徐悲鸿，中国现代艺术的开拓者》展览

今天，我们相聚在美丽的塞外古城大同，参加“艺术巨匠徐悲鸿真迹展暨国际美术作品展”。首先，我向本次画展的成功举办表示热烈的祝贺！

近年来，我有幸多次参加徐悲鸿先生美术作品展览的开幕式，从江苏苏州到无锡，从辽宁沈阳到广东广州，从国内到美国丹佛，这是一次次文化之旅，一场场文化盛宴，每一次都令我激动不已，令我感动万分。

首先，令我激动和感动的是徐悲鸿先生的美术作品。徐悲鸿先生是我国现代美术事业的奠基者、杰出的画家和美术教育家。他的美术作品熔古铸今、融贯中西、承前启后，特别是将西方精湛的写实技巧，融汇到中国传统绘画之中，为传统艺术的革新与发展开拓了新的广阔天地，成为近现代中国美术界的一座高峰。但是，我们在欣赏徐悲鸿先生美术作品的同时，特别感受到的是他献身艺术的执着精神，是他深厚的爱国主义情怀，是他与普通民众的深厚感情。徐悲鸿先生的美术作品中，饱含对祖国前途、民族安危、民众生活的眷念与牵挂，始终与祖国、民族、民众的脉搏一起跳动，体现出中华民族伟大的艺术精神。

看望廖静文先生

其次，令我激动和感动的是廖静文先生和徐悲鸿先生子女们的奉献精神。徐悲鸿先生不幸逝世以后，廖静文先生毅然决然地将

2000余件徐悲鸿先生的作品和藏品捐献给国家，这是家中保管的徐悲鸿先生的全部作品和全部藏品。不久前廖静文先生对我说她现在很高兴，一是徐悲鸿先生的美术作品没有分散到各处，而是得到了完整的保护，国家又正在扩建徐悲鸿纪念馆，将来这些珍贵文物能够得到更好的保护和展示；二是徐悲鸿先生的子女全部靠自己的努力，而没有靠父亲的财富，自食其力，成长为对国家、对民族有贡献的人才，成为专家学者、大学教授。这些都可以令人满意地告慰徐悲鸿先生。

第三，令我激动和感动的是廖静文先生的敬业精神。从20年前，我认识廖静文先生的时候，就看到她始终孜孜不倦地通过写作、举办展览等多种形式，宣传徐悲鸿先生的学术思想。记得在一些展览的开幕式上，廖静文先生整天坐在展馆为观众签字，签得手指关节都肿了，但是展览结束后将全部售书所得捐献给纪念馆。今天廖静文先生已经90岁高龄，还仍然奔波祖国各地，传播与弘扬徐悲鸿的艺术精神。徐悲鸿先生的学术思想和艺术精神应该永远地宣传和弘扬下去，融入到广大民众的社会生活之中，廖静文先生为我们做出的榜样。

徐悲鸿纪念馆是中国政府建立的第一座美术家个人纪念馆，馆里收藏了由徐悲鸿先生的夫人廖静文女士及子女捐赠的1万余件作品。多年来，在廖静文女士的不懈努力下，徐悲鸿纪念馆致力于推动文化艺术事业的发展，大力保护、研究、展示徐悲鸿的艺术，广泛开展国际国内的业务合作和文化交流，在弘扬中华民族绘画艺术，增进社会民众的文化艺术素养，满足广大民众的精神文化需求等多方面取得了突出成绩，在海内外具有广泛的影响。本次展览是展示徐悲鸿绘画艺术的大展，展览体系完整，内容丰富，精品荟萃，相信对加强艺术大师作品的社会认知，推动中华民族优秀文化遗产走向社区、走向大众，将起到积极的作用。

随着博物馆社会服务职能的不断深入和公众对公共文化产品需求的日益多元化，举办形式多样、丰富多彩、适应不同层次观众需求的各类展览，是当今每个博物馆都需面对的重要课题。通过馆际的展览合作，实现文物资源互补，展览资源共享，丰富阵地展示内容，提升展示服务水平，为全社会提供优质文化产品，已成为国内各级各类博物馆的共识，国内各博物馆也已付诸实践并取得了显著的成效。本次展出的不仅有徐悲鸿大师的部分艺术精品，还有众多国际美术精品力作。这些作品的集中展示，无疑为大同历史文化名城增光添彩，给大同的市民带来了美的享受，对于进一步弘扬徐悲鸿先生的艺术精神，提升城市的文化氛围，提高市民审美情趣，丰富人们的精神文化生活，必将起到重要的推动作用。

由于工作关系，我曾经几次来过大同，时隔两年再次踏上这片神奇的土地。文化是城市的灵魂，是城市的软实力。近年来，大同多次举办各种文化盛会，这次“艺术巨匠徐悲鸿真迹展暨国际美术作品展”，又是一次精美的文化盛宴。衷心祝愿：未来的大同更加美丽迷人，更加繁荣昌盛！预祝本次展览取得圆满的成功！

浅析博物馆陈列展览的学术性与趣味性[①]

（2013 年 4 月 28 日）

作为知识和思想传播的载体，博物馆的陈列展览必须要有学术支撑，要有较高的艺术水平或相当的技术含量，还要有较强的艺术感染力。同时，吸引公众参观是博物馆发挥传播与教育职能的前提。今天的观众获取知识与信息的方式已经和过去有很大不同，人们往往并不需要在博物馆里接受系统的知识传授，而希望了解文物展品背后的故事，期盼从从未有过的体验中获得知识和信息。因此，陈列展览要让观众充满好奇，要激活观众情趣，实现学术性与趣味性的统一。

一、实现陈列展览的学术性

今天，博物馆陈列展览首先要符合展览传播的需要，即它们的创作必须服从展览传播目的、展览主题和内容表现的需要，要符合现代人审美的需要。同时，博物馆要很好地为观众服务，其陈列展览必须要以观众为中心，不仅仅考虑“我能给观众什么”，而且要考虑“观众需要什么”。观众进入博物馆的展示空间，参观活动主要包括阅读文字、聆听讲解、欣赏展品、观看视频、亲身体验和动手操作等。因此，陈列展览应该力求造型简洁、语言鲜

① 此文发表于《东南文化》2013 年第 2 期，第 6 页。

明、色调和谐、创意新颖、特点突出。为此，应当重新审视、评估博物馆所拥有的文化资源，并将其整合、转化为博物馆文化赖以深化的资本，通过各种新颖、多样的展示内容和手段，经常更新文物展品，展示历史文化的内涵与魅力，使博物馆保持经久不衰的文化吸引力①。

2006年出版的《评价展览：一个评优体系》一书，介绍了由B.瑟雷尔（B.Serrell）及其研究小组成员在美国国家科学基金（NSF）的赞助下，历经4年的大量考察和反复测试，建立起博物馆展览评价标准体系，旨在定义博物馆展览的重要特征，并评估在特定博物馆中呈现的这些特征的水平，以激励这些特征在未来展览中得到提升。评价体系由舒适度、吸引度、提升度、有意义程度等4大标准组成，并且每项标准之下包含4～8个二级指标②。

湖南省博物馆定位为历史艺术类博物馆，特别强调自身拥有的马王堆馆藏文物资源在历史性、艺术性方面的重要地位，形成以马王堆汉墓展览为核心，辅之以青铜、陶瓷、书画、考古发现等常设展览，向社会提供独具特色的陈列展览，赢得了普遍的好评，逐渐形成引人注目的业绩。博物馆陈列展览水平的高低，取决于科学研究质量的高低，其中对文物藏品的研究，往往不局限于对一座博物馆的个别馆藏文物的研究，更要对相关文物藏品整体进行深度研究。只有对文物藏品的特点进行长期不懈的探索，发掘其文化内涵，提炼出具有鲜明特色、使观众耳目一新的选题，才能为举办高水平的陈列展览创造必要的前提和基础。

---

① 沈岩：《从免费开放反思当前博物馆教育的改革》，载《中国文物报》，2010-02-24（7）。
② 方欣：《美国民间博物馆展览评价体系》，载《中国文物报》，2010-02-24（8）。

湖南省博物馆改扩建工程开工仪式

文物展品既是观众博物馆参观的主要对象，也是实现博物馆文化传播的主要途径。“走向盛唐展”是近年来举办的规模最大、规格最高、展品最丰富的展览之一，也是学术和社会影响较大的展览。自 2004 年 10 月开始，先后在美国、日本以及中国香港等地的 6 家博物馆展出，取得了空前成功，观众总数达到 127 万人次左右。“走向盛唐展”具有鲜明的主题与丰富的展品，其思想的精深、艺术的精湛、展品的直观形象，不仅给人们以美的享受，而且通过所蕴含的和谐之美，向观众揭示出一个多元、开放、包容的辉煌时代。

2004 年年初，国家文物局决定启动河南博物院功能提升工程，从陈列展览、服务设施、藏品保护、数字化建设等方面进行整体功能的提升，在展示艺术和表现手法上寻求新的突破，注重高新技术和材料的合理运用，探索新思路，尝试新模式，积累新经验。其中“中原古代文明之光”基本陈列，在对中原地区的历史进程、博大精深的文化内涵以及文物特征进行综合研究的基础上，以河南出土文物和考古资料为依托，通过丰富的文物藏品和知识信息，力图表现中原地区在我国文明进程中的核心地位，表现各重要历史阶段的文化面貌和文明成果。

“中原古代文明之光”基本陈列，将艺术类博物馆的陈列方式与历史考古类博物馆的陈列方式相结合，并吸收借鉴部分自然与科技类博物馆的展出形式，以主线展示与辅线延伸相结合、精品文物重点展示与出土文物组合展示相结合、文物展示与遗迹展示相结合的方式，辅以多媒体演示、图版延伸、观众参与等多种技术手段进行综合展示，以求突出博物馆见证文明的实证功能，让观众愿意看、看得懂，让精美的文物震撼观众心灵。基本陈列还设计了展览延伸带，供观众了解相关知识、进行文化对比、查阅不同学术观点，使陈列展览中的相关内容能与观众进行对话与交流。同时专门引进了有可视功能的电子语音导览器，使观众可以更自由地对自己感兴趣的文物展品进行深入了解，使观众在博物馆能感受更加人性化的服务和文明殿堂的高雅。

历史考古类博物馆展示的是过去的历史，是对人类文明发展历史和文化遗产的研究、认知、保护和再诠释，有着更多的历史厚重感，明显地透射出凝重、庄严和悠远的深层文化内涵。长期以来，出土文物对于历史学家、考古学家而言，其价值的重要性极为清晰和毋庸置疑。然而对于社会公众来说，理解和认识出土文物的价值，则存在着明显的困难，这种理解和认识的困难，成为文物藏品资源转化为文物展品资源，实现文化传播功能的主要障碍。消除这种障碍不仅有赖于人们文化素质的提高和历史知识的积累，更需要博物馆认识、理解这种社会需求，用科学普及的方式，更为主动地向社会公众阐释出土文物的综合价值。

博物馆中的文物展品，由于年代久远，损毁严重，完整器物较少，往往仅局限于一些质地普通，但是不易腐朽的石质、陶质、玉质等器具，更由于受社会生产力发展水平的制约，其审美价值与艺术价值相对较弱，虽然这些文物展品的学术研究价值珍贵，然而对于普通观众而言，其重要意义却不易理解，所隐含的一些文化内容甚至容易引起争议。为此，陈列展览设计必须借助田野考古发掘报告中的第一手资料，通过对内容枯燥的考古发掘报告的细致释读，归纳其中的内容，详细介绍文物藏品来源、文物分类、出土地点、收藏时间、历史背景等文化信息。

浙江余杭良渚博物院

良渚文化距今 5300 ~ 4300 年，是中国新石器时代晚期的一支重要的考古学文化。良渚遗址位于杭州市北郊良渚镇一带。20 世纪 80 年代以来，遗址区内祭坛和贵族墓地、大型建筑基址等遗址的考古发掘，引起世界性的轰动。良渚遗址区内保存的诸多大型遗址点及其周边环境，以及通过考古发掘出土的数以万计的精美玉器、石器、陶器、漆器、木器和骨器等各类器物，共同构成了良渚遗址丰富的内涵，揭示中华文明起源进程的重要历史，成为中华五千年辉煌文明的实证。良渚博物馆的展览主题，注意用文化时空坐标阐明良渚文化在人类文明史上无法取代的崇高地位以及良渚文化对中华文明的起源探索所起到的巨大作用。

良渚博物馆展览主题为“良渚文化实证中华五千年文明”，从良渚文化的考古研究、良渚古国的再现、良渚文明的揭示三个方面，向公众传播发现良渚遗址、认识良渚文化、确立良渚文明的考古历程，以及良渚文明在中国和世界同时期或同类文明中的重要地位。陈列展览的内容和形式，均以遵从科学性、学术性为前提，无论是前言、说明等版面，还是对环境氛围的把握和艺术形象的表现，都依据考古发掘报告所提供的科学信息，尽量减少不必要的考古学术描述和历史资料铺陈，而充分利用出土文物本体特色，展示文明的魅力。同时，在陈列展示过程中，运用多样化的方式和手法，来弥补内容枯燥的缺陷。以一个又一个的良渚文化之谜发问形式，引导参观者去探寻良渚文化未解之谜，感受良渚文化和良渚古城的魅力，体会良渚玉器的杰出成就，理解良渚文化“文明之光”的文化特征。

良渚博物院对基本陈列进行不断充实，注意吸收新的学术研究成果，对文物展品进行适当的更换和调整，增加新的内容。例如 2007 年发现的良渚古城，是目前我国所揭示的同时期营建规模最大、配置级别最高、出土文物最精美的古城遗址。为此，良渚博物院对此前已经基本定稿的陈列展览策划文本，及时做出重要调整，对展览目标重新定位，增加良渚古城的陈列展览内容。目前，良渚古城的地位和价值从博物院前厅到第三展厅、尾厅，都有充分、连贯的反映和体现。例如在第一展厅，把有关古城发现的社会历史文化解读，作为良渚文化 70 年探寻道路的重要一步来加以展示，也相应地推出了遗址—文化—文明三个递进式的概念。良渚博物院这一平台，不但把良渚文化的专业知识尽量准确地表述出来，而且让观众既看得懂、又爱看，获得“一座可观、可玩的博物院”的美誉。

我国农业历史悠久漫长，有着自身的发展规律，如果以历史朝代横向展开，无法清晰地展现农业发展变化的脉络，而且文物展品本身也往往不是随着朝代而出现的。但是梳理万年农业历史，不难发现我国古代农业对世界文明的贡献突出地表现在四个方面：一是物候的利用，二是作物育种，三是生产工具的发明与传承，四是水的治理与利用。这是我国农业文明的核心价值。因此，中国农业博物馆的“中华农业文明”陈列，坚持选取上万年农业历史中的文明点纵向延伸，而不是采用以往通史陈列的手法横向展开。例如生产工具的发明与传承部分，没有全面展示各式各样的农具，只选取了犁、锄、镰、磨四种。犁是耕种工具、锄是中耕工具、镰是收获工具、磨是加工工具，四种工具大体上概括了我国古代农业生产的主要方面[①]。

陈列内容设计文本不同于陈列大纲，它是具有可操作性的展览内容脚本，要考虑方方面面的因素，要体现展览主题、传播意图、内容框架、展线划分、节奏安排、展品组合，以及形式设计要求、多媒体内置信息等所有细节，是对设计、施工、布展等各个环节具有指导意义的可操作性方案。叶蓉先生归纳了陈列内容设计文本的

① 中国农业博物馆陈列部：《“中华农业文明”陈列的靓与新》，载《中国文物报》，2009-11-18（8）。

相关原则和主要内容。相关原则包括三个原则。一是科学性原则。内容策划要有科学的理论和依据，传达的信息必须尊重历史、尊重事实，有强有力的学术支撑和科研背景。二是系统性原则。陈列内容文本创作是一项系统工程，这个系统是若干个相互联系、相互作用的要素构成的有机整体。进行内容文本策划不能孤立、片面、静止地考量各个要素，而是需要运用系统思维全面考虑每一个细节。三是创新性原则。展览要新，必须努力从选题、视角、结构、情节、文字等各个方面进行创新，选题要有特色，人无我有，人有我新。只有不断创新，才能持续获得公众的认同。

陈列内容设计文本的主要内容包括：一是展览名称，即展览给观众的第一印象，一个展览吸引观众，展览名称起着关键性的作用；二是展览主题，即展览的立意和表现角度，是展览的生命力所在；三是目标观众，即展览所设定的将参观这一展览的观众群体；四是指导思想，即展览的策划思路，是展览文本创作的行为指南；五是传播目的，即传播者的思想和意图；六是场地条件，即举办展览最基本的建筑设施条件；七是内容框架，即支撑展览的内容构架，起着疏通思路、安排内容和展品、形成结构的作用；八是文字说明，即展览有了好的想法和构思，还必须借助恰当的语言去表达；九是文物展品，即选取并组织展品，是陈列文本策划的重要环节；十是辅助展品，即除文物之外的支撑陈列展览内容的重要组成部分；十一是陈列技术，即展览拟采用的陈列技术手段，应尽量提供陈列技术设计的背景资料和目的要求；十二重点说明，即在文本中标明内容的主次关系，对重点和亮点内容进行说明[①]。

目前，陈列展览设计制作有两种模式，一种模式是设计与制作

① 叶蓉：《陈列内容设计文本的组成要素和策划原则》，载《中国文物报》，2011-05-04（8）。

分别由不同的单位承担。另一种模式是设计与制作由同一个单位承担。一般推荐后一种模式。因为陈列展览设计与建筑设计不同，建筑设计公司一般只搞设计，不搞施工。而陈列展览如果选择不仅陈列展览设计水平高，制作能力也很强的单位统一实施，便于组织协调。一般来说，陈列展览设计制作的单位主要负责展览的总体设计、结构设计、版面设计和版面制作，至于油画、雕塑、多媒体景观模型等内容，大多是委托其他专业公司和艺术家进行设计制作。因此，即使由同一个单位承担设计与制作任务，也需要通过适当方式，将各方面的优质力量和优秀人才吸引进来，实现既定的目标。

博物馆的陈列设备是为陈列服务的工具，它的设计思路，关系到文物的安全，使用的便利，与观众视觉效果也有着直接的关联，同时还要与博物馆的性质、建筑风格融为一体。同时，陈列设备本身又是艺术的造型，不能只注意实用而忽略了美观，也不能只顾美观而忽略了实用，应贯彻经济、实用、美观的原则。陈列设备对华丽图案的追求，以及烦琐的雕刻、沉重的装饰的使用，都会起喧宾夺主的作用，吸引观众的视线，因此应当避免。陈列设备的材料并不是越昂贵越好，有时珍贵的文物展品配以朴素的展具也会相得益彰，关键在于运用得当，能够突出文物展品的形体美、色彩美、质地美，并形成色彩层次，增强陈列展览的艺术气氛和效果。

目前，我国博物馆陈列展览的精品意识普遍不强，推出的高质量精品之作不多。博物馆陈列展览水平不高的原因，往往是因为没有将陈列展览看作是一项综合性很强的文化创造。博物馆通过现代化陈列展览方法，运用多媒体等陈列展示手段，采取动态与静态相结合的形式，最大限度地发挥文化传播功能。同时，不同地区、不同性质、不同种类、不同主题的博物馆陈列展览，应呈献给观众不同的文化面貌，不同的文物展品应采用不同的陈列设计方法，才会产生不同的效果。实际上，要达到博物馆陈列展览内容通俗易懂，并不意味着陈列展览设计和制作的水平和质量不高，反而对陈列展览的各个方面提出更高的要求。

在我国，陈列展览设计不应失去中华文化千百年来形成的文化积累，应具有鲜明的艺术个性和时代特征。例如我国古代文物展品的文化内涵非常丰富，具有特殊性，无论是纹饰、色彩、器形、铭文、质地等，都能从不同的角度展示文物展品的特色和个性，给人们以历史的感悟、科学的启迪和艺术的享受。但是，古代文物展品与现代人们生活之间往往存在着较大距离，需要必要的文字说明给予帮助。通过通俗易懂、生动优美、简洁流畅、富有趣味的文字说明，将陈列展览的内容主题、时代特征、文化寓意，以及学术观点等清晰描述，这样可以使观众能够准确、快捷、方便地获取博物馆文化信息。

一些博物馆的文物藏品征集和研究等基础工作，与陈列展览工作脱节，缺少明确的思路和目标，直接造成陈列展览中的文物展品缺乏系统性和内在联系，难以形成专业性的展示主题内容，或展示主题内容缺少专业研究成果的支撑，导致博物馆的陈列展览缺乏鲜明个性和地方特色，其结果必然失去观众的参观热情。通常在博物馆展柜中，呈现在观众面前的各种器物，是孤立的终结制成品。对于这些文物展品的原料成分，制作过程采取的工艺和技术，使用过程中所承载的文化信息，陈列展览的介绍和说明中往往并不涉及。应通过鲜明的陈列展览主题，将文物展品的生命历程和社会联系串联起来，揭示其所反映的传统生活方式与技艺，蕴含在文物展品中的情感与智慧，共同叙述文物展品生动的背景故事，将文物展品置于与之相关的“人”“自然”和“社会”环境之中。

此时“文物实物展品不再仅仅是欣赏的对象，也不再是博物馆展览中唯一的陈列要素，而成为故事叙述系统中的要素之一，扮演着故事叙述中物证的角色”①。如此文物展品才能成为陈列展览的传播重点，成为观众最关注的内容。面对这样的要求，文物展品研究就不能再囿于物质的层面，而应努力揭示其背后的精神因素。将文物展品研究纳入整体文化背景下，强化文物展品研究与相关领域学术研究的关联，例如陈列展览设计与文物展品布置要取得良好的传播效应，还应当熟悉认知心理学、教育行为学和人体工程学等相关知识，使观众以自然轻松的心态，在良好的情绪环境中参观。

由故宫博物院主持研发，微软亚洲研究院、北京大学提供技术支持的“走进《清明上河图》”数字展示项目，是一项全新的历史文物数字化展示项目，技术应用与内容诠释结合得非常紧密，堪称国内具有较高水平的历史文物数字化展示项目。该项目利用三维声音定位技术，复原《清明上河图》诸多场景中的人物对话、背景声音等，使观众了解画面中人物的身份、行为，从而较为准确、细致地理解《清明上河图》所表现的社会生活面貌。当观众参观时，可以看到鲜活生动的展示方式。当画面以原尺寸放映时，画面缓缓移动，并播放背景音乐；当放大某一局部时，背景音乐减弱，在这一局部画面中人物的对话响起，宛如电影的一个片断。

“走进《清明上河图》”数字展示项目中的对话共有700多段，全部由故宫的研究人员依据画面中人物的衣着、动作进行考证、分析，撰写出符合这些人物身份、性格、环境的对话，并具有一定的故事性。这一项目在充分尊重历史文物完整原貌的前提下，利用现

① 严建强:《信息定位型展览: 提升中国博物馆品质的契机》，载《东南文化》，2011(2)，7页。

场感很强的声音，使表现宋代社会生活面貌的这一著名历史画卷，呈现出令人身临其境的效果。这种对观众的信息展示，强调通过视频、音频等多种媒体形式，使观众能够在参观陈列展览的同时了解更多的知识，并且通过使用观众能够参与其中的多媒体手段，增强互动性，从而加深观众的理解和记忆。

二、实现陈列展览的趣味性

博物馆的动态展示技术最早起源于世界博览会。受1851年伦敦博览会启示，英国伦敦科学博物馆最早将动态陈列运用到展览中，将展品进行动态展示，使观众能够多方位、多角度地观看展品。此后，一些科学与工业博物馆仿效这种做法。20世纪早期，德意志科技博物馆就以提倡观众参与而被称为“按电钮式博物馆”，可以说是以注重教育为基本属性的科技博物馆现代流派的新起源。“在那一时期由美国F.奥本海默(F.Oppenheimer)所创建的‘探索馆’，成为体现这种教育思想的新样板。他设计了介绍科学原理和应用并让观众探索、实践、亲自动手进行参与、互动的大量展品，独树一帜，其匠心可贵，使科技馆的教育思想得到了辉煌灿烂的发展，赢得了社会广泛的认同。从此，开创了科学中心的新时代”[①]。

在我国，建于20世纪70—80年代的博物馆，陈列展览手段往往比较单一，基本以文物、图片、雕塑、绘画等为陈列展示的主体。20世纪80年代北京科学技术馆第一次将高科技运用到陈列展览中，它的基本任务是向公众普及科学技术知识，传播科学思想和科学方法，提高公众的科学文化素质，培养创新精神。随着社会生活的变迁，我国博物馆的陈列展览概念发生了巨大变化，在科技博物馆、

① 李象益：《当今博物馆创新理念及其发展态势》，载《浙东文化》，2008（1），19页。

自然博物馆等博物馆实践中收到良好效果的基础上，高科技手段逐渐从科技类博物馆进入到以文物藏品为主的社会历史类博物馆，在各类博物馆展示中得到广泛的应用，已经成为陈列展览中不可缺少的组成部分。

当代博物馆陈列展览更多地聚焦于信息传播，内容设计主要是对文物展品相关信息的科学展示，所涉及的科学理论则扩展到人类学、民俗学、传播学、教育学等学科内容，陈列展览中更多地采用影像、多媒体和计算机辅助互动设施。特别对于基层博物馆来说，由于主客观等条件的制约，常常在文物藏品的丰富度、陈列展览的可视性、展览内容的吸引力等方面存在着诸多不足，而现代科学技术以其直观、新鲜、现代的特点，给参观者带来具有强大冲击力的视听体验，从整体上提高陈列展览的时代感，起到吸引观众的作用，具有广阔的前景。

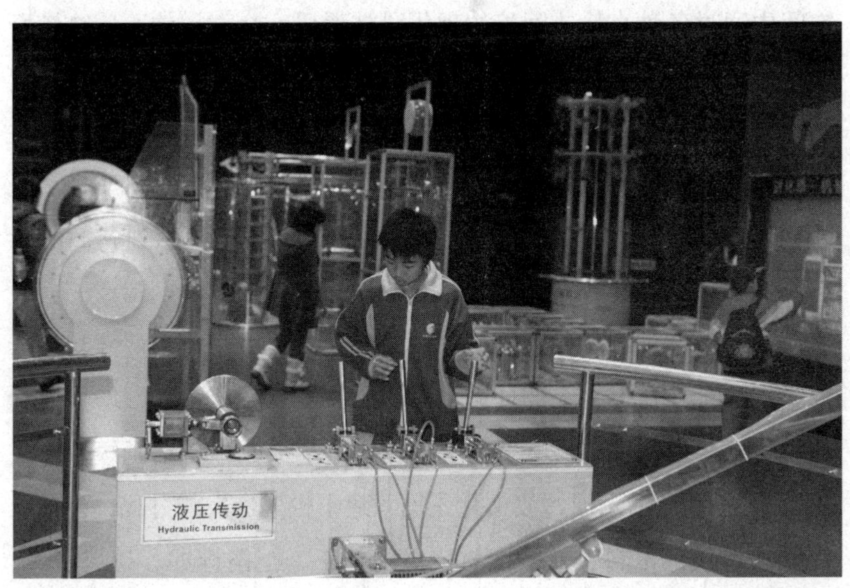

北京中国科技馆观众参与

今天，广大民众的文化需求呈现多样化发展，文化传播形式不断创新，所有的文化信息都有可能被纳入博物馆文化之中。随着高科技的迅猛发展，如今世界已经进入电子信息的时代，计算机和网络技术正日益进入公众生活之中，作为一种有效的信息化手段，能够更全面、更直观、更有效地传达信息，人们（尤其是青少年）接受知识的主要途径，往往依靠电子媒介等形式。博物馆以普及知识为使命，以陈列展览为传播手段，而现代科学技术正是当今有效、也容易被大众所接受的传播方式，可以使观众获得全新的参观体验。

高科技是人类现代文明的成果。博物馆不应该抗拒高科技的应用。陈列展览需要对高科技应用做出细致的规划，对灯光照明、温度调控、背景音乐、电子媒体、视播系统、电脑查询、虚拟显示、节能环保、安全维修等现代科技手段进行详细设计，充分考虑不同观众的心理需求和体验要求，丰富展示内涵，使观众在博物馆馆舍空间中通过各种直接或间接的现代科技手段，全方位体验博物馆所要传达的信息知识。要重视在展厅中，对现代气息浓重的高科技应用设备适当进行遮蔽与隐藏，在外观上要与周围陈列环境相协调，避免影响参观者对陈列展览主题的关注，而分散注意力，实现“让博物馆享用无处不在的高科技，又像空气一样感觉不到它们的存在”[①]。

河姆渡遗址博物馆陈列展览内容的设计，力求将专业性与趣味性紧密结合，在每一个部分设计 1~2 个亮点，营造气氛，增强展览的观赏性，以达到雅俗共赏的目的。通过播放制作的动画短片《我的家园》，动态演示河姆渡文化先民营建干栏式房屋的过程，包括砍伐树木、裁截木料、开板取材、劈削加工、挖凿榫卯、挖坑垫木、

① 徐征野：《“文化的设计”与“设计的文化”》，载《建筑与文化》，2007（2），13 页。

立柱架板、铺盖茅草等建造干栏式房屋的各道程序，使静态的、不美观的木构件展品，通过生动的展示手段，加强陈列展览的观赏性，更深层次地传播中国传统建筑文化的知识。

陈列展览是一种信息传播的载体，要从观众的认知习惯和水平出发，科学合理地安排好展览的信息层次。随着当代博物馆陈列设计手段的日趋多样，应适当地借助现代科学技术的成果，直观地再现某些场景。在短短的十多年间，从讲解器到多媒体，从二维图像到三维展示，再到数字化博物馆，科学技术成果的应用和推广，使博物馆不断以更为新颖自然的手法，深入浅出地展现文物展品的博大精深与发展历程，精练地概述历史事件的起因、过程和结果，从而在普及知识的过程中寓教于乐，达到更佳的展示效果，显示出博物馆文化与科学技术的结合，也使博物馆愈加年轻鲜活起来。

今天，以数字化技术武装的声光电技术和电脑设计技术，促进了博物馆高科技项目的研发与更新，拓展了陈列设计思路，丰富了陈列设计语言，使陈列展览中有形展现、无形再现成为现实。通过文字记载影像化，让遥远的文化与自然共同创造得以重现，让观众有身临其境般的感动和震撼，获得“进入历史场景的感觉”。中国农业博物馆陈列展览中的“都江堰场景”，有根据地还原岷江分流的情景，利用声光电技术模拟展现水利工程的壮观，利用多媒体演示细解水利工程的原理，使参观者看到、听到、感受到两千多年前先人是如何使桀骜不驯的滔滔江水，驯服地服务于人类，并直到今天还造福于广大民众，体验中华文化的智慧与深厚。

“关于如何使博物馆变得有趣，这是不同博物馆根据自身特点见仁见智的问题。但可以肯定的基本原则是，博物馆不是高高在上向观众灌输、布道的古板教师，不是让观众看完就忘的枯燥课本。

有趣的博物馆应当能满足观众的多种需求，能够令观众有所触动、有所思考、有所回味”[①]。如今博物馆普遍采用模型、雕塑、油画、国画、沙盘、触摸屏、电子书、场景复原、电动图表、高清全息投影等多种手段，突出对重点内容的表现，更加深刻生动地揭示陈列的内涵，增强内容的表现力和视觉的冲击力，丰富陈列的艺术语言，并吸引观众参与其中。但是，场景模拟必须要有确凿的史实依据，切不可随意发挥，否则反而会误导观众。

任何现代科学技术的应用都必须有实体文物和相关资料的支撑。采用新技术，是对陈列展览思想性、学术性、知识性的强化，其中任何虚拟展示都应该尊重历史，严格按照陈列展览主题和内容设计进行制作和呈现。只有文物展品才是陈列展览中的主角，现代科学技术只能是博物馆展示中的辅助手段，仅仅为了使陈列展览在叙述上更流畅，在效果上更直观，在形式上更丰富，最后达到博物馆文化传播的目的。新技术的应用所带来的不应该只是感官或肢体的互动，而应该追求陈列展览和观众之间思维的互动。陈列展览的思想性往往，含而不露，意在言外，让观众自己领悟，自己品味。

当前，应避免博物馆陈列展览的“千篇一律”。由于不同地区历史文化资源不同，陈列展览的主题与内涵理应存在诸多区别。因此，应保证每一个陈列展览独特的审美风格。国家博物馆的油画《开国大典》观赏性很强，画中的麦克风等又以实物展出，画、物组合，观众对隆重的开国庆典场面的观感自然就会更加强烈。在文物展品的背后往往蕴含着极其丰富的历史文化信息。任何一件文物展品都与当时很多事物有着密切的关联，绝非孤立存在，对前来博物馆参观的绝大多数人来说，最想知道的正是文物背后的故事，以及

① 黄琛：《漫谈博物馆宣教服务体系建设》，载《中国文化报》，2008-07-04（6）。

与其相关的文化信息。但是博物馆传统的陈列展览方式较少顾及观众的感受，提供给观众的信息单调而有限。

由于科技手段与新材料、新技术、新工艺的应用，博物馆陈列展览的信息传递变得直接、快捷、便利、集中、形象、生动，并由传统的静态展示转向动静结合，全面、有效地增强了陈列展览的视觉冲击力。科技的进步是永无止境的。随着科技的不断进步，展陈观赏性前景将越来越广阔。实践证明互动和高科技展示手段恰当适度地运用，是对传统展示方式的有效补充与完善。例如汉阳陵博物馆的幻影成像，陕西历史博物馆的高清晰数字短片，从观众竞相观看的盛况可知，不仅没有冲淡文物展品本身的主题，影响陈列展览的科学性和系统性，反而调动了观众的参观兴趣和主观能动性，加深了对陈列展览的印象。总之，随着博物馆理念的不断更新，以广泛使用高新技术为表征的展览设计，日益受到博物馆界的重视。

敦煌莫高窟保护利用工程

20多年来，博物馆界始终不渝地从诸多层面发掘着高科技的正面作用，例如拓展信息载体，弥补文物藏品不足的缺憾，增强视觉冲击力，满足观众的参与和娱乐需求。近年来，现代新兴科技如光纤、激光、全息照相、立体声、多媒体等技术，普遍应用在世界博览会，造成了强烈的视听觉冲击。随后电子影像、大型影像、多重影像、立体影像和虚拟影像、幻影成像等新技术也纷纷进入博物馆，大大提高了陈列展示的感染力。特别是上海世界博览会期间，中国馆的动画版《清明上河图》，设计者融合了动态投影和三维成像等技术，通过12台投影仪，将长128米宽6.5米的《清明上河图》在投影墙上真实再现，使画中的人物和场景都变得可以活动，栩栩如生，超越了这幅画作原来平面静态的表现，给观众带来一种新颖的感官体验[①]。

采用现代科学技术必须着眼于实际效果。作为新型传播手段虽然具有不少优点，但是在具体运用时也需要注意博物馆陈列展览的特殊要求。目前，很多博物馆热心于新技术的运用，以为新技术应用得越多，应用的技术越高端，就会越吸引观众。但是现实的结果是很多新技术由于损耗大、使用率低、布局不合理，以及与展览内容关系不密切等原因，未能很好地服务于观众。实践证明，陈列艺术不是高科技的同义词，声光电等新技术也并非多多益善，要充分考虑必要性、适当性和综合性，高科技的运用也不能喧宾夺主，它只能是衬托者，而不应成为主角。

由于高科技产品的出现与应用，丰富了博物馆陈列展览设计制作的方式方法，也为习惯于原有陈列手段的观众带来新的感受，而受到人们的欢迎。于是，近年来无论是新馆建设还是旧馆改造，必将高

① 吕建昌、张宇：《上海世博会的后续效应》，载《东南文化》，2010（6），104页。

科技陈列展览项目列入其中，而且投入比重越来越大。一些博物馆甚至认为只有更多地使用现代科学技术手段才是求新、求变的最佳方式，认为高科技项目使用越多，越能推陈出新，越能显示经济实力，越能提升博物馆的档次，在陈列展览设计过程中，弱化传统陈列手法，片面追求所谓创新，在博物馆之间形成“互相攀比”“盲目跟风”的趋势，导致陈列展览重复模仿，展示手段千篇一律[①]。

宋向光教授指出“对博物馆陈列性质认识的分歧，陈列目标的异化和模糊，陈列内容的同质化和程式化，陈列展示的技术化和娱乐化，陈列形式的视觉及感官至上，陈列工作体制的市场化，这些新问题摆在人们面前”[②]。 陈列展览通过对视频、音频、动画等媒体加以组合应用，可以创造崭新的参观体验，促进观众视觉、听觉及其他感官和行为的配合，扩大内容信息的传播，营造陈列展览的环境气氛。陈列展览需要观赏性，但是目的是通过观赏性，更好地表现思想性、知识性、艺术性，展现陈列展览的主题。决不可割裂观赏性与思想性等两方面的关系，不顾陈列内容适合与否，强行要求增添指定的高科技手段，造成展示形式对内容的误导。更不能本末倒置、喧宾夺主，为了追求展厅艺术效果，采用艺术品的堆砌取代文物展示，造成陈列展览效果的杂乱无章。“我们必须认真对待当代博物馆陈列表达的场景化、舞美化、影视化、虚拟化倾向”。

博物馆现代化的重要标志之一，是对科学技术的正确应用。但是，一些博物馆以为只有尽可能多地采用现代化陈列展览设施，陈列展览的水平才能提高，才能具有时代感。因此，在陈列展览中，声光电等现代技术被过度使用，甚至到了滥用的程度。有的陈列展

① 曾杰冈：《陈列中的高科技应用》，载《中国文物报》，2010-02-24（8）。
② 宋向光：《在陈列的瓶颈期》，载《中国文物报》，2009-12-02（6）。

览不仅每件文物都要采用人工光源处理，而且配音视频、模拟动画等充斥整个展览，令人目不暇接、眼花缭乱。在这里文物展品反倒成为配角，造成喧宾夺主，遮蔽了文物展品本身的文化魅力，也失去了各博物馆之间的差别和特色。人们在实践中认识到，博物馆的现代化，不应是现代技术的罗列，也不应是新型设备的堆砌，更不应以高投入、高消耗作为衡量标准。

正如苏东海先生所说“文物博物馆事业的现代化不是什么声光电的问题，而是紧追时代，赋予时代内涵的问题”。“我们不要把‘声光电’等同于现代化，不要以为‘声光电’就是现代化博物馆的标志”[①]。 先进的科学技术手段应能更好地衬托文物展品，现代技术和新型设备应是表现文物展品文化内涵的工具，完美的陈列展览形式应与文物展品的文化内涵相统一，无论是场地、展柜，还是灯光、美工，以及辅助陈列等各种有效方式和手段，均应最大限度地展示文物展品的文化魅力，并给予观众美的享受。同时，应努力营造优美、洁净、高雅的参观环境，使观众进入博物馆就能沐浴在文化氛围之中。

当前，在运用新技术的过程中，暴露出不少问题。主要表现在：一是陈列展览形式与陈列展览环境、陈列展览内容不相协调。在造型、比例、色彩、质感等各方面，普遍采用现代装饰材料和技术手段，从而造成了陈列展览形式与陈列展览内容的强烈反差。二是文物展品与辅助展品的关系本末倒置。严格说来，图片、照片、模型等是实物例证，不是陈列展览的主体部分，辅助展品仅仅是信息载体。三是一些陈列展览为了创造所谓的视觉冲击效果，刻意追求技术手段。于是在许多耗资不菲的陈列展览中，愈益庞大的多媒

① 苏东海：《论博物馆的现代化》，载《中国博物馆》，1997（1），5页。

体视频充斥其间，突兀无当的人造景观与电子沙盘触目皆是。四是高科技表象后的“千馆一面”。在当今的诸多陈列中，虽然大都广泛运用了幻灯、影像、音响、雕塑、蜡像、模型、半景画、全景画、景观复原等采用高新技术的辅助手段，但是，这些看似新颖的陈列展示形式，往往大同小异、简单复制和缺乏个性。

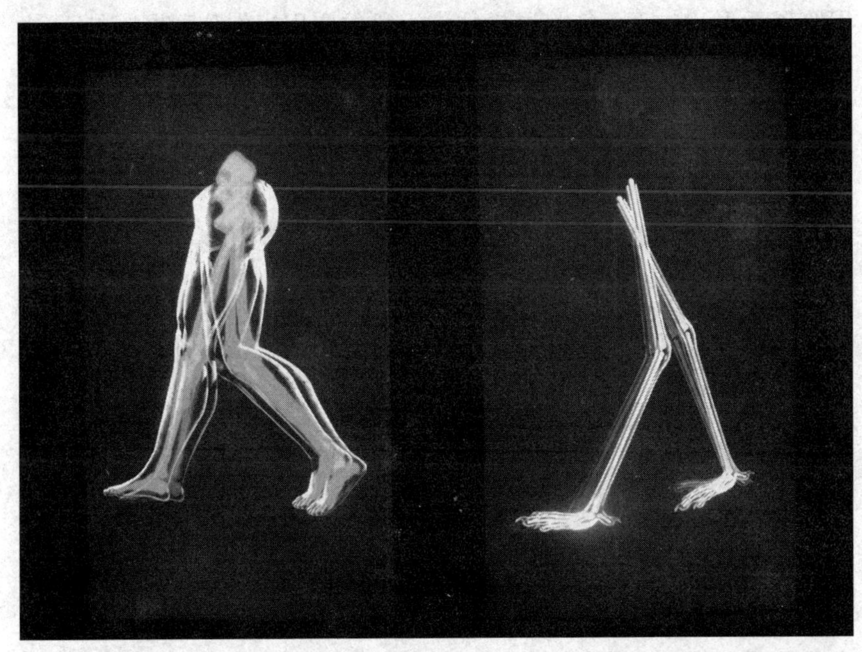

参观浙江省自然博物馆

在博物馆的陈列展览设计中，应注重最新研究成果和新技术、新工艺、新材料的引进，这既是社会发展和科技进步的必然，也是提高陈列展览质量和水平的需要。但是，高科技项目在现代博物馆的应用过程中，逐渐显现出一些弊端。例如高科技项目价格相对昂贵，一旦大量使用，势必过多占用有限的陈列展览经费；一些不是很成熟的高科技项目，由于缺乏维护经费和技术人才保障，在长时间、高频率的使用后，容易出现故障；随着现代科技的发展，新产品不断出现，高科技项目升级换代频率加快，不断被动淘汰。

博物馆陈列展览的学术文化内涵和公众参与属性，要求博物馆在陈列展览中对新技术、新工艺、新材料有选择地适度加以运用。应用各种现代科学技术手段，目的是为了深化陈列展览内容、丰富展览展示形式，而不能将科学技术手段的应用当作陈列展览是否创新的重要标志，不能将博物馆的陈列展览变成科技博览会，反而使文物展品变成了配角。面对陈列展览中出现的种种弊端，博物馆应该力求技术与艺术、内容与形式、继承与创新、审美与娱乐的有机统一，谨防对技术的盲目崇拜和无度滥用，自觉抵制业已出现的庸俗化和娱乐化倾向。

技术与艺术同为博物馆陈列不可或缺的因素，二者的完美结合是陈列思想与形式至善至美的追求。所谓陈列技术并不等同于高科技在陈列中的运用，而是使文物藏品陈列更趋科学化和艺术化的辅助性手段。“然而，我们不无忧虑地看到，在举世追捧高科技的语境下，博物馆界也悄然掀起刻意追求陈列高科技化的浪潮，不仅将技术等同于高科技，而且使技术与艺术的边界变得模糊不清，甚而使高科技手段趋于本体化，以致完全脱离思想和艺术本体之旨归而反客为主”[①]。 巧妙运用高新技术，应该只是作为深入挖掘与深刻阐发人文思想的手段，而不应陷入刻意追求新颖、刺激和娱乐的误区，导致将技术手段等同于艺术价值，致使陈列展览的思想内涵、艺术品位与文化品格大打折扣。

因此，要重视陈列展览艺术与陈列展览技术的统一。只有用文化理念驾驭技术要素，并将各个技术要素有机地整合起来，才

① 侯春燕：《博物馆陈列艺术与技术的界阈约论》，载《中国博物馆》，2008（1），70页。

能使陈列展览产生赏心悦目的艺术效果。“正确认识陈列艺术与技术的本末关系，从而在尊重二者各自规律的前提下，适度界定二者之间的阈限，有助于当今博物馆陈列在满足观众日益增长的个性化需求的同时，依然坚持自己的基本理念，永远不失自己的本质特征。也只有如此，才能使观众在欣赏陈列展览时沐浴高新技术之惠泽，产生温柔敦厚之美感，并在审美体验中使情感得以升华”[①]。

① 侯春燕：《博物馆陈列艺术与技术的界阈约论》，载《中国博物馆》，2008（1），70页。

关注博物馆陈列展览的专业性问题[1]

（2013年6月）

陈列展览能够全面反映一座博物馆的文物藏品数量和保存环境质量、展览设计水平、学术研究成果、展厅设施条件、综合管理措施、社会服务意识、文化传播能力等方面。博物馆通过文物藏品的组合陈列展示，传播历史、艺术、科学知识，履行社会教育和服务职能。由于博物馆以独特的方式传播知识和信息，使博物馆能够以鲜活的形象存在于社会公众的现实生活之中，从而凸现出博物馆相对于其他公共文化教育机构的优势[1]。

全国博物馆“十大陈列展览精品”评选于1997年启动，前三届仅限于文物系统，从第四届起评选覆盖全国各类博物馆，经过10余年的努力，“十大陈列展览精品”成为国家文物系统一项专门针对博物馆专业工作的国家级奖项。陈列展览精品评选活动在推进发挥示范效应，引领公共文化服务机构面向社会、奉献大众等方面的作用日渐彰显。目前，越来越多的博物馆努力探索展示艺术和表现手法，注重馆藏文物的完美组合，注重高新技术和材料的合理利用，使基本陈列和临时展览的主题内容、科技含量和艺术水平都有较大提高，内容和形式都有较大改进，使博物馆的陈列展览影响日益深远。

宋向光教授认为，“当社会发展水平达到一定程度时，公众对

① 此文发表于《浙江文物》2013年第3期，第14页。

博物馆的需求会表现出较强烈的文化体验和文化消费色彩，观众对博物馆陈列、教育和服务的需求会更加关注情感、美观和舒适的内容，要求博物馆更精致、更关注个性和更愉悦，这也可以说，观众在基本的获取知识的理性需求基础上，要求增添使身心愉悦的艺术氛围和诗意表达”[①]。陈列展览是博物馆为观众提供的最重要的服务，是沟通历史与现实、知识与社会的桥梁。因此，陈列展览应当充分体现以人为本的精神，无论是展示空间的分割、环境色彩的运用、灯光照度的控制，还是文物展品的陈设、辅助图版的布置、说明文字的内容等各方面，均应精益求精。

博物馆展览工程是一项面向大众的知识、信息和文化传播工程，是一项思想性、科学性和艺术性很强的艺术工程。实践证明，成功的陈列展览共同特点是设计严谨，构思独特，材料适用，造价合理，施工精细。虽然，博物馆最主要的教育形式是陈列展览，但是陈列展览的重要性在一些博物馆往往受到轻视或忽视，甚至成为一些博物馆发展的薄弱环节，存在着“重博物馆前期资金投入，轻博物馆后期管理服务”“重陈列展览形式设计，轻陈列展览内容更新”“重高新科技手段点缀，轻本馆主体文物陈展”“重陈列展示策划制作，轻社会公众广泛参与”等倾向。一些博物馆在陈列展览的设计施工中，一味求新求洋，结果是高成本、低质量。

李文昌先生曾对参加“2007—2008 年度全国博物馆十大陈列展览精品”评选活动的 69 项展览项目进行分析。从资金总额上看，在 69 个项目中，投入资金在 100 万元以下的项目有 6 项;100 万（含）~1000 万元的项目有 23 项；1000 万（含）~5000 万元的项目有 29 项；5000 万元（含）以上的项目有 5 项；没有写明资金情况的有 6 项。

① 宋向光：《历史类博物馆“艺术转向”的隐忧》，载《中国文物报》，2011-07-27（5）。

在69个项目中，使用资金最多的达到1亿元，最少的仅9万元，千万元以上的项目基本占了一半。从中可见，一个展览项目，动辄几千万元，已经是普遍现象。另一方面，从造价上看，3000元/平方米以下的有20项；3000~6000元/平方米的有19项；6000~10000元/平方米的有15项；10000元/平方米以上的有9项，单价在万元以上的，有日渐增多的趋势①。

随着我国博物馆事业的快速发展和博物馆陈列展览工程的社会化，陈列展览的设计施工市场规模不断扩大。目前，博物馆陈列展览的内容设计一般由博物馆自身完成，而形式设计及制作布置普遍借助社会力量，往往通过政府采购招标确定承担单位。但是，由于在博物馆陈列展览工程管理方面，缺乏从业基本条件，缺乏行业标准和技术规范，缺乏设计施工管理制度，导致陈列展览设计施工市场较为混乱，严重影响博物馆陈列展览工程的质量。很多博物馆的陈列展览由普通装潢装修公司承担，设计施工单位对于陈列展览工程的特殊性缺乏认识，经常混同于普通建筑装饰工程，难以达到令人满意的效果。更有一些设计施工单位由于对博物馆藏品的价值缺乏了解，漠视文物展品的安全，违反基本的操作规范，甚至在陈列展览施工过程中或竣工后，因质量问题发生文物展品损毁事件。

博物馆陈列展览的设计不同于其他展览设计，有着特殊的规律和独特的语言，要突出文物展品而不是突出装饰装潢。任何一个优秀的陈列展览都应该是内容和形式的完美统一。判断一个陈列展览设计方案的优劣，主要是看它是不是全面、准确、生动地反映了陈列展览的思想性。如果偏离了陈列展览内容，即使形式再新奇，感官冲击力再强，也不可能取得预期效果。然而，传统陈列展览设计

① 李文昌：《从数字看展览》，载《中国文物报》，2009-09-16（3）。

模式，往往陈列展览内容设计人员主要负责编写陈列大纲，陈列展览的形式设计则由陈列展览公司的设计人员进行，但是陈列展览公司的设计人员由于受到文化知识结构等因素的制约，在短时间内对陈列展览内容难以准确把握和深刻理解，陈列展览设计就很难实现内容与形式的统一，达到预期的效果。

为了解决这一问题，必须将内容设计与形式设计紧密配合，双方人员积极互动。一方面，负责形式设计的人员必须在内容设计的人员的指导下，吃透陈列展览大纲，掌握陈列展览主题，努力使陈列展览的创意和手段能够全面准确地反映陈列展览内容；另一方面，陈列展览的重点不能由负责形式设计的人员随心所欲地确定，而应该由负责形式设计的人员和负责内容设计的人员，以及其他方面的专家集体进行研究、讨论、评审，根据陈列展览的主题和文物展品的历史、科学、艺术价值，最终予以确定。因此，负责内容设计的人员必须参加形式设计方案的论证，明确每个展示重点必须表现的思想内容，就如何使陈列展览更加突出主题提出修改意见。

陆建松教授详细分析了博物馆展览工程与普通建筑装饰工程的异同。两者之间在性质和目标方面、在工程内容和工作规律方面、在艺术和技术含量方面、在工程量中艺术创作比重方面，均存在很大差异。普通建筑装饰工程主要是环境美化和装饰，而博物馆展览工程是以学术研究资料和文化标本为基础，展示设备和技术为平台，辅助艺术形式为突破，高度综合的、专业性和前沿性极强的工作。因此，博物馆展览工程是一项基于博物馆学、传播学和教育学的设计和创作活动，有着自己独特的工作语言和工作规律，是一项兼具学术性、知识性和科学性的艺术创作活动。

同时，陈列展览工程不仅仅是文物展品的合理摆放，而且需要善于处理文物的安全环境。与普通建筑装饰工程不同，博物馆展览工程不是市场上可以购买到的普通用品，而是为实现陈列展览的艺术效果，专门进行形式设计和研究制作的专门用品，往往是独特的或唯一的。一般普通建筑装饰工程中大部分是基础装饰工程，主要是展示空间的吊顶工程、地面工程、墙体基础装饰工程以及展览的基础电器工程，而艺术创作内容较少。但是，博物馆展览工程的绝大部分工程量是艺术工程，包括各种艺术辅助展项和科技装置，及其软件的研发[①]。

目前，我国在博物馆展览工程管理方面的规范和标准严重缺位，由此给博物馆展览工程管理造成混乱，严重影响了博物馆展览工程的秩序和质量。为了改变这一无序状态，尤其是为了保障博物馆展览工程的质量，亟待制定博物馆展览工程管理规范和标准，包括《博物馆展览工程管理办法》《博物馆展览工程资格管理办法》《博物馆展览形式设计规范》和《博物馆展览工程核算标准》等，通过这些管理规范和标准，切实加强博物馆展览工程的行业规范管理，使博物馆行政主管部门、展览筹办单位、设计施工单位等均有章可循和有法可依。

因此，必须尊重博物馆展览工程的特殊性和内在规律，对博物馆展览工程采取不同于普通建筑装饰工程的管理，包括博物馆展览设计和制作机构资质管理、展览工程的委托方式、展览工程的质量控制、展览工程的验收标准、展览工程的造价审核等。在博物馆展览工程的委托上，不能以普通建筑装饰资质作为入围的必要条件，将博物馆展览工程委托给普通建筑装饰公司，而应该委托给具有博

① 陆建松、郑奕：《博物馆展览工程与普通建筑装饰工程有何不同》，载《中国文物报》，2009-11-25（4）。

物馆展览工程实际设计和施工能力的机构。否则，将严重影响博物馆展览工程的质量，甚至造成博物馆展览工程的失败，埋下文物展品的安全隐患。

“陈列设计是一种创造”，博物馆陈列展览强调内容与形式的统一，主题鲜明的陈列展览内容设计，要靠新颖的形式设计和精致的展览制作传递给观众。不论是历史展览、艺术展览、人物展览，还是科技史展览、自然史展览，都是一项集思想、学术、文化、知识和审美于一体的大众传播载体。陈列展览设计必须对内容文本及其学术资料、文物标本进行深入研究，在对展览主题和陈列内容，以及特定展示空间研究的基础上，对文物展品和材料进行取舍、补充、加工和组合，运用形象思维，鲜明、准确地表达展览主题思想。

陈列展览设计包括展示空间设计、功能动线规划，以及展示版面设计、展示道具设计、展示灯光设计、展品安全设计、辅助展品设计、互动装置设计等。博物馆陈列艺术与展示空间密不可分，甚至可以说陈列艺术就是对展示空间充分利用的艺术，设计人员对空间的整体布局，艺术空间的个性化创造，陈列展览空间与原建筑之间的巧妙结合。实践证明，一个优秀的设计作品，不是用金钱堆砌出来的，也不是用高级材料制造出来的。一些博物馆力求以低造价做出高水平的陈列设计，在陈列展览中获得了成功。大多数情况下，使用一般材料，用较少的投资，只要精心设计、施工，也同样能够收到良好的效果。

邓健先生认为，要做好博物馆的展览，必须做好以下各个方面的工作。一是组织专门的班子，收集、整理和研究与展览主题、内容有关的学术资料，便于展览建立在客观、真实的学术研究基础之上；二是展品、辅助展品等形象资料的收集和整理；三是做好展览内容文本策划设计；四是做好展览空间规划与设计；五是做好展览形式构思与设计；六是做好展览的制作与布展；七是保障展览的筹建资金；八是尊重展览工程合理的时间进度，留有充裕的时间来完成展览工程，避免因筹建时间严重不足而存在各种各样的问题；九是按照展览工程的规律进行科学规范的运作。

只有真正做好上述九个方面的工作，才能把陈列展览做好做精，确保陈列展览内容的思想性、科学性和知识性、趣味性，陈列展览形态的艺术性，制作工艺和布展的严肃性，展览造价的合理性和展览技术的安全性①。陆建松教授则根据博物馆陈列展览工程的一般规律，提出十大支撑条件，以提升未来博物馆陈列展览的水平和质量，包括：展览相关学术资料准备；展品形象资料收集和整理；科学规范的工程运作；展览内容文本策划设计；展览形式创意设计；展示空间规划与设计；展览设计、制作与布展控制；展览筹划资金的保障；展览工程的时间保障；选准人，选好队伍②。

博物馆展览体系的探索是一个大量收集资料，多方考察研究的过程。制定合理的博物馆展览体系，首先要明确博物馆的定位，博物馆的定位决定博物馆展览体系的走向，而科学、严谨的博物馆展览体系的构建，必须经过全方位多角度的思考。首先要深入分析博物馆自身的文物藏品资源状况，同时还要对科学研究水平、专业人才结构、地域环境特点等进行深入广泛的分析。例如上海博物馆是艺术类型的展览体系，各展览之间既相互独立，又有相互补充。从历史文物精品展示的角度展现我国古代辉煌的成就，并同时举办世界各地艺术精品展，展示人类文明的发展进程。

---

① 邓健：《论博物馆如何通过陈列展览吸引观众》，载《东南文化》，2010（1），100页。
② 陆建松：《做好博物馆展览的十大支撑条件》，载《国家一级博物馆馆长培训班通讯》，4页。

上海博物馆

博物馆应积极探寻各自的展览体系，没有合理规范化的展览体系，博物馆的陈列展览特色必然难以体现。体现时代精神，树立精品意识是博物馆今后发展的必由之路。所谓的“精品陈列”是指一个完整成熟、主题鲜明、特色突出、形式新颖，并且思想性、科学性、艺术性达到一定高度水平的陈列展览。专家认为，一个受欢迎的陈列展览，一是要选题恰当，立意鲜明；二是要定位准确，设计合理；三是要制作精细，力求新意；四是要强化服务，注重效益。精品陈列既不是纯粹的“明星文物”罗列铺陈，也不是传统的教科书形式。而是能够给社会公众讲述一个耐人寻味、令人思索、使人流连的完整故事，给专业人士展示一个有所启迪、有所借鉴、有所收获的文化空间。

一座博物馆陈列展览的成功，不仅体现在所获得的观众数量上和宣传报道数据上，更为重要的是通过开展一系列服务和教育活动，把对历史的思考深度、对美的追求方向传递给社会公众，满足其日益增长的文化需求。公众参观陈列展览，是为了寻找一种文化体验，寻求一种身临其境的感受。因此，营造陈列展览的特有氛围至关重要。高质量的陈列展览远远不是简单的形式和技术问题，而是牵涉到博物馆的各个环节，包括文物藏品的保管质量、研究深度、讲解水平、服务能力及合理有效的组织管理等。

确立一个陈列展览项目并非易事。陈列展览的策划、创意、设计有着必备的条件要求，以往博物馆的陈列展览设计只注重三个主要环节，即陈列大纲、陈列内容设计和陈列形式设计。目前，国际上一些大型博物馆，在上述三个主要环节之前，再加上一个策展环节，也就是陈列展览的前期策划。策展的深入开展可以使后续环节更为顺畅。策展研究报告是陈列展览的可行性研究，包括研究常设展览和临时展览的内在联系，选题整体规划和独立项目之间衔接，主题确立的社会意义和预期效果，叙事线索的纵向延伸和横向展开，以及重点文物展品的描述、展厅气氛营造的设想、周边环境状况的掌控和社会宣传活动的展开等。

策展研究报告和陈列展览大纲同等重要。策展研究报告的内容包括：拟定博物馆陈列展览的基本构思，包括展示结构、展示内容、展示形式、展示特色、展示品质五个方面的内容；拟定博物馆陈列展览基本构思的同时，还要做观众群体的调查研究，包括面向社区群体、学校群体、专业群体、旅游群体以及特殊群体，了解不同社会群体对博物馆陈列展览的需求，以及对博物馆陈列展览的运行成本和管理进行评估①。 陈列展览大纲内容包括：展览主题、结构框

① 李让：《浙江自然博物馆新馆——当前博物馆建设的一种模式》，见《博物馆观察——博物馆展示宣传与社会服务工作调查研究》，60页，北京，学苑出版社，2005。

架、基本内容及其主要展品等。决定博物馆展览水准的一个重要因素是策展研究报告和陈列展览大纲的质量，没有高质量的策展研究报告和陈列展览大纲，就不可能创造出高水准的博物馆展览，而忽视两者的作用，是制约我国博物馆展览水平提高的一个瓶颈。

在创作陈列展览内容设计文本之前，首先要构思它的结构组成。不同的展览有着不同的选题，同一选题的展览也可以有不同的角度和立意。针对不同的目标观众可以采用不同的表现手法。因此，每一个展览的内容设计都应该是独一无二的，没有固定的模式可以套用，必须在深入研究的基础上确定主题和立意，按照一定的逻辑主线有针对性地搭建框架、安排节奏、组织展品，将陈列的内容和创作意图融合在陈列展览内容设计文本之中，才能创作出符合陈列展览主题和传播目的的陈列展览内容设计脚本，才能准确地将信息传递给以后的各个环节，甚至整个工作团队，用于指导展览各个环节的工作，最终将展示内容和情感有效地传递给目标观众。

今天是否选择低碳生活方式，将决定人类在未来的发展。作为承担生态文明和可持续发展教育责任的博物馆，如何更好地承担起向社会公众宣传低碳生活理念、传播低碳生活方式，推行低碳生活的社会责任，是一个新的课题。例如采用声光电等技术、设备时，应适应陈列展示要求，避免带来噪声和环境污染。展具的面料应尽可能使用绿色、优质、环保的木、石、棉、麻等天然材质，以更好地体现历史、沧桑、自然、永恒的文物陈列展览内涵，尽可能减少异味、辐射等有害物质的排放，既有利于文物展品保护，又有利于观众及展厅工作人员的身体健康。

优秀的陈列展览，应满足观众对参观舒适度的要求。其中陈列照明的设计应体现“以人为本”。目前，一些博物馆为了突出文物展品的效果，或为了营造一种神秘的氛围，多采用封闭式人工照明。这样的“灯光效果”恰恰忽略了博物馆观众的感受，忽视了光照对人所产生的精神、心理作用，忽视了大多数人惧怕、讨厌甚至拒绝黑暗的心理。“导致观众无法把目光聚焦到展品上，不得不瞪大眼睛仔细搜寻前方是不是正确的参观通道？是不是会有障碍物被绊倒？这样无疑与我们的初衷相悖。”因此，博物馆陈列的展示方式和照明不仅要烘托出陈列的主题和展品，更重要的是考虑观众接受环境的能力，观众清晰辨别展线道路的需要，以及观众顺利通过展线的需要，等等①。

一个好的展览设计应该是在各种必不可少的设计之外，尽量不再增加各种不必要的设计手段。主张“看不见的设计才是最好的设计”，所谓“简约主义”出现于20世纪80年代中期，这种思潮源于西方现代主义，它的出现既是对复古风潮的叛逆，也是对简约主义美学的发展。其风格是将设计的诸多元素简化到最少的程度，以极简洁的方式表达人们对空间环境在感情与理性上的双重需求。这种“简约主义”设计也流行于当今国际社会，努力使人们得以暂时摆脱烦琐、复杂的环境，找到简洁、自然的生存空间和心灵空间，契合了现代人在快节奏、超负荷的工作压力下的心理需要。因此，应“使我们的设计简洁而不简单，大气而不失底气”②。

博物馆在陈列展览的创意、设计、制作等方面，应不断引进新的理念，做保护生态环境的绿色使者，自觉走向低碳生活。例如位于慕尼黑的布兰德霍斯特博物馆，选择了极少主义的内部展示空间，所有展厅的材料都采用白墙和橡木地板，为馆内的艺术品展示提供

① 王彬：《免费开放后区域博物馆如何更好地发挥教育职能》，载《中国博物馆》，2008(4)，3页。

② 郭萍：《“古代中国陈列”形式设计之思考》，载《中国文物报》，2009-03-27(6)。

了最纯粹的背景，灯具在自然采光系统引入展厅后被完全隐匿，甚至连空调系统的出风口也被减弱为墙根地板处的一排细长格栅孔，远看似有若无，墙面的各类插座及开关被全部抹去，只留下一片纯净的白色，凸现出那些悬挂于墙面或摆放于地上的艺术作品魅力。

目前，博物馆观众已经不满足于一般化的参观展览，他们需要一片真正属于自己的思考空间。观众是展示空间的最终服务对象，在进行空间设计时应体现“以人为本”的理念，树立“感受博物馆”“享受博物馆”的理念，赋予观众轻松愉悦的心情。应结合博物馆展厅现状，更多地站在观众的角度去思考陈列展览的形式设计，根据各部分内容设计的需要，突出每一部分的重点和亮点，在众多的展品中，重要性与代表性展品应置于浏览节点，构成整个陈列体系的焦点，产生高潮迭起的艺术效果，形成立体化、人性化、趣味化的设计效果以及具有韵律感、节奏感的参观效果，避免平铺直叙。

因此，陈列展览必须为观众提供适宜的参观环境，使人们感觉到在博物馆参观是一种精神享受，自觉参与到博物馆的文化活动中来。展厅空间序列的组织应有明确的开端和结尾，形成一定的节奏、韵律和高潮，实现展厅分割合理、展线布局流畅、展品疏密有致，营造整体和谐变化的氛围。在陈列展览和展厅环境设计中，越是细节越应体现人文思考，给观众提供符合心理需要的参观环境，帮助观众加深对陈列展览和文物展品的理解。在充分理解展览内容设计的基础上，根据博物馆展厅现状合理进行空间分割，营造整体空间的氛围，是整体空间设计首先要考虑的问题，使空间设计产生的意境符合展览内容设计的表现要求。

关于故宫博物院陈列展览的提升

（2013年7月8日）

目前，进入故宫博物院的大多数观众在导游的带领下，往往沿着中轴线“目不斜视”地匆匆而过，常常忽略两侧展示珍贵文物的陈列展览。实际上，经过建院以来88年的探索实践，故宫博物院不断结合所拥有的文化资源，完善陈列展览内容，形成独具特色的展览体系。在故宫博物院的陈列展览中，最具影响力的是原状陈列，无论是中轴线上外朝太和殿、中和殿、保和殿的“三大殿”陈列，还是内廷乾清宫、交泰殿、坤宁宫的“后三宫”陈列，都具有强烈的吸引力，以至于进入故宫博物院的大部分观众总是沿着中轴线参观。下一步陈列展览将继续完善，例如在外朝两侧安排与皇宫朝会大典文化相关的武备仪仗等文物陈列，在内廷两侧安排与皇帝处理日常政务和帝后及其年幼子女居住文化相关的生活用具等文物陈列。

西六宫和东六宫是故宫博物院展厅最密集的区域，也是观众参观较为密集的区域。目前西六宫的储秀宫、翊坤宫、长春宫、太极殿等作为宫廷原状陈列展厅，永寿宫、咸福宫、丽景轩等则作为宫廷历史常设陈列展厅。其中宫廷原状陈列展厅因独具特色而受欢迎。但是目前陈列展览的效果不佳，还有很大的参观效果提升空间，例如目前观众要想清晰地看到室内原状陈列，往往需要趴在玻璃上向内张望。改善宫廷原状陈列展览效果，需要对室内安防、消防、照明等，与陈列展览进行整体设计。应该将宫廷原状陈列的每一个院落视为一座完整的展厅，而将每一座古建筑的窗户作为展柜，观众透过玻璃窗能够清晰地欣赏室内的文物展品。今后在对作为展厅的古建筑进行保护修缮时，必须同时编制古建筑修缮方案、室内装饰布置方案、安防技防安装方案、陈列展览设计方案等，统筹设计施工，避免反复拆改，实现整体效果。

东六宫的钟粹宫、承乾宫、景仁宫、景阳宫、永和宫、延禧宫等基本保持明代格局，昔日主要为明清后妃的居所，目前东六宫的开放区域，主要辟为文物陈列专馆。除了这些之外，深受观众欢迎的文物陈列专馆，还有文华殿作为古代艺术品陈列专馆“陶瓷馆”，武英殿作为古代艺术品陈列专馆“书画馆”，奉先殿作为宫廷历史文物陈列专馆“钟表馆”，皇极殿东西庑及养性殿、乐寿堂作为文物陈列专馆“珍宝馆”，阅是楼与畅音阁作为文物与原状景观紧密结合的陈列专馆“戏曲馆”。这些文物陈列专馆使故宫博物院的珍贵藏品得以系列展示。

但是，一方面，这些文物陈列专馆需要不断改善提升，例如珍宝馆近期正在研究改陈方案，主要思路是皇极殿东西庑区域空间比较开阔，集中陈列古代艺术珍品，而养性殿、乐寿堂区域为太上皇宫殿的重要部分，空间比较紧凑，但是店堂内建筑装饰极其精致，因此这一部分应该以展示太上皇文化和精美的室内装饰为主。另一方面，相对于故宫博物院的 25 大类文物藏品来说，目前的文物陈列专馆还不够。要积极创造条件，努力开辟更多的文物陈列专馆，例如东华门修缮竣工后，计划作为古建筑馆对观众开放，目前展览大纲已经编写完成，明年进行布展。御膳房目前是家具文物库房，进行保护修缮后，可以作为家具馆对观众开放。延禧宫在文保科技部迁至西河沿以后，可以作为外国文物馆对观众开放。将来还应创造条件选址建设故宫博物院的早期文明馆，因为一般观众并不了解，故宫博物院除了拥有上百万件的明清文物藏品，还有数十万件明代以前的早期文物藏品。

目前，修缮技艺部的位置是历史上的清宫造办处，但是没有留下历史建筑，现在的地面建筑都是建国以后陆续建设的一层建筑，四周有红墙围合，相对比较隐蔽，从外面看不到院内的建筑。负责《故宫保护总体规划》编制的中国建筑设计研究院建筑历史研究所建议，这里可以安排故宫博物院的书画馆。现在书画馆在武英殿，但是并不理想，由于缺少集中空调设施，因此环境得不到切实保障，作为古建筑群不免夏季潮湿、冬季干燥，都不利于书画展示，特别是遇到暴雨天气就会提心吊胆，这样只能在春季和秋季各安排两期展览。同样因为环境原因，每期书画展览也由过去的 3 个月缩短为 2 个月。作为拥有中国古代书画藏品最多的博物馆，每年只能展出少量的书画藏品，一直以来受到社会各界的质疑。因此故宫博物院需要拥有一处具有现代化保护展示条件的书画馆。未来的故宫博物院书画馆，珍贵的古代书画可以得到有尊严的保护展示，观众一年四季都可以在更加宽敞的拥有故宫博物院特色的展馆内欣赏书画。

如果造办处原址作为书画馆，那么武英殿可以作为工艺馆。故宫博物院原有三大馆，书画、瓷器、工艺，目前没有工艺馆。故宫博物院所藏金银器、漆器、珐琅器等文物藏品精美绝伦，但是缺乏具有一定规模的陈列展厅。这些工艺类文物藏品相对于书画类文物来说，更能适合武英殿古建筑的环境，一年四季都可以持续对观众开放。

为了满足新的学术研究成果展示需要、满足观众多样化文化需求需要、满足国内外文化交流的需要，故宫博物院应该拥有一定面积的临时展览空间。目前午门展厅、神武门展厅、斋宫展厅等承担着这些职能。其中午门展厅自成为临时展厅以来，先后举办了一系列具有影响的陈列展览，包括来自世界各地一些著名博物馆的重要展览，已经成为故宫博物院与国际博物馆界交流与展示的重要平台。但是，总体来看，午门展厅只有800平方米的面积，规模不足致使一些大规模的展览难以在此进行。因此，下一步需要对午门展厅加以完善，特别是拥有2000平方米的午门两侧雁翅楼，长期以来作为文物库房，目前已经腾空，经过古建筑保护修缮之后，可以作为临时展厅。整体改造完成后的东、西雁翅楼展厅将与午门展厅组合成为2800平方米的大型临时展厅，整个项目以保护古建筑为前提，在最大限度地保留原有风貌的基础上，将其利用为故宫博物院面积最大、功能最全、规格最高的现代化展区，可以举办更为具有影响力的大型展览。这项计划预计在2015年的夏季竣工，第一个展览将是故宫博物院建院90周年的大型展览。

故宫西部区域的开放也计划在90周年院庆之前实现。目前，慈宁宫、寿康宫保护修缮工程已经完成，慈宁宫花园修缮工程也将在8月底基本竣工，这一区域开放以后可以容纳较多观众参观。慈宁宫作为雕塑馆的陈列设计方案已经基本确定，寿康宫将作为原状陈列展厅。近期还要召开慈宁宫花园现场会，研究对观众开放之前的各项准备，包括开放空间、展览内容、安防技防、基础设施、开放服务等方面，综合协调，统筹落实。

还有一些文物建筑可以进一步明确利用功能，逐步实现对观众开放。例如端门已经确定作为数字博物馆，将成为“数字故宫”研发成果的展示基地。10余年来，故宫博物院利用现代技术记录、保护、研究文物建筑和文物藏品，采用直观、亲和、时尚的数字展示手段所取得的一系列阶段性成果，可以在这里向观众进行展示，使观众对故宫博物院有更为清晰和深刻的“第一印象”。目前正在对端门古建筑进行修缮和数字展厅的设计筹备，力争在故宫博物院90周年院庆前对观众开放。在故宫博物院，数字博物馆应该是一项系统设施，包括现在的数字所随着西部区域开放可以正式接待观众，还包括大高玄殿修缮后可以安排一处数字博物馆，将来在北院区也应该建设具有一定规模的数字博物馆，越来越多的观众可以在这些数字博物馆看到不断制作完成的“数字故宫”成果，并可以进行互动体验。

还有一些陈列展览提升项目正在筹备之中。例如宁寿宫确定为石鼓馆，专题展示十面石鼓文物，使这一组珍贵文物得到更为优质的保护环境，同时在展厅一侧设置专室，通过相关文献和影视资料介绍石鼓文化。军机处现有专题展览“清代军机处史料展”，长期以来拥有很多观众，近期计划进行改陈，同时将目前由保卫处使用的军机章京值房也纳入展览范围，使观众可以更加全面了解军机大臣、军机章京等在此值班，听候皇帝召见，共同密商军政要事，协助皇帝处理军政事务的历史。宝蕴楼即将进入保护修缮，竣工后举办院史陈列展览，主要展示20世纪上半叶故宫博物院建院前后的历史。宝蕴楼的室内装饰保持原状，选择这一时期的文物藏品进行陈列，可以在某种程度上填补故宫博物院在这一时期的空白。将来来宾从西华门进入故宫博物院以后，可以先在宝蕴楼参观院史陈列展览，然后向东开始参观武英殿和其他展览区域。

陕西历史博物馆

故宫博物院 90 周年院庆的展览已经基本确定，正在抓紧酝酿和筹办。包括在午门—雁翅楼展厅举办“万寿庆典展暨故宫博物院九十周年院庆特展”；在神武门展厅举办“两岸故宫老照片展”，这是两岸故宫博物院合作的展览；在东华门展厅举办“紫禁城宫殿建筑艺术展”，是故宫博物院古建筑馆成立后推出的陈列展览；在武英殿展厅举办“《石渠宝笈》书画展”；在延禧宫举办“非物质文化遗产展”；在宝蕴楼举办“故宫博物院院史展”，等等。

在河南博物院“鼎盛中华——中国鼎文化展”开幕式上的讲话

（2013 年 9 月 27 日）

办好陈列展览是博物馆专业功能和社会职能的重要体现。目前，从全国博物馆发展的整体形势分析，各博物馆均面临着从“数量增长”走向“质量提升”的问题。博物馆的展览不能仅限于大量精品文物的堆积，而是要更加深入地研究文物藏品的内涵和价值，深入揭示文物藏品背后的故事，提倡精品意识，增加文化内涵和科技含量，力争达到历史性与时代性、思想性与观赏性、科学性与艺术性、学术性与趣味性、知识性与通俗性的完美结合。

河南博物院“鼎盛中华中国鼎文化展”开幕式

此次河南博物院举办的“鼎盛中华展”选取“鼎”这一中国历史上极具代表性的器物作为展览主题，在知识层面上深入挖掘，系统展示；在历史层面上前后贯通，连接当代；在精神和文化层面上提炼升华，意蕴深远。整体而言，展览主题鲜明，内容丰富，雅俗共赏，积极向上。同时，“鼎盛中华展”依托北京大学丰富的学术资源，以科研为先导，一年多来潜心研究鼎的历史与文化，研究博物馆展陈与社会服务的新方法、新形式。在取得初步成果的基础上，形成展陈大纲与整体设计方案，确保了展览内容和形式的科学性，很值得借鉴和提倡。

此次展览整合了国内近20家文物博物馆单位的文物资源进行集中展示，可以说是近年来馆际展开充分合作的一个体现。河南是我国名副其实的文物大省，历史悠久，文物资源丰富。多年来，故宫博物院与河南博物院一直保持着密切的联系和合作。此次展览，是继2006年两馆合办“国之重宝——莲鹤方壶特展”，2007年合办“金色王朝——故宫御用金银器特展”之后的又一次成功合作。我们也期待，今后双方的合作能够更加持久和深入，互通有无、资源共享，为观众带来更多的文化盛宴，也推动相关学术研究的开展。

解读博物馆陈列展览的思想性与观赏性[①]

（2013年9月28日）

博物馆的陈列展览是在一定空间内，以学术研究资料和文物标本为基础，以展示空间、设备和技术为平台，按照一定的主题、序列和艺术形式进行组合，面向大众进行知识、信息和文化传播，具有一定思想性和观赏性的文化创造。当前博物馆的陈列展览理念，需要更加注重通过文物展品之间的相互联系，构成明确的思想主题，以解读文化为线索，以空间规划为载体，以形式语言为手段，以艺术表现为辅助，取得预期的观赏效果，实现陈列展览思想性与观赏性的统一[①]。

一、实现陈列展览的思想性

今天，博物馆不能仅满足于举办多少陈列展览，更重要的是陈列展览的质量如何。质量才是决定陈列展览价值的尺度，才是赢得社会效益的关键。博物馆应该具有精品意识。博物馆推出的陈列展览应该成为精品之作，才能与博物馆的性质相一致，与博物馆的文化品位相符合。那些缺少思想内涵、设计制作粗糙的陈列展览，对于社会公众的文化生活没有吸引力。要持续推出精品陈列展览，需要有熟悉文物藏品的专家团队，能够不断从文物藏品的文化内涵中提炼出好的陈列展览主题，深入研究采取何种设计手段使文物展品

① 此文发表于《南方文物》2013年第3期，第1页。

恰到好处地表现陈列展览的主题，根据陈列展览的内容设计，精心挑选文物藏品，然后通过好的形式设计将文物藏品组织成内涵丰富的精品陈列展览。

由此可见，如同科学研究项目一样，优秀的陈列展览是精心研究的结果。那些“原始质朴的石器陶片，精致典雅的商周铜器，凝重生动的秦砖汉瓦，色彩艳丽的漆木瓷器，流畅沉着的碑刻书画，以及优美新奇的纹饰图案，精巧别致的器物造型等，这些足以让人们心动，让人们目不暇接，让人们幽思不息”①。人们面对令人荡气回肠的历史画卷，面对跨越历史长河保留至今的文物珍品，情感得到净化，心灵得到陶冶，精神得到升华，进一步认识到人生的意义和价值，从而树立社会责任感，情操更加高尚，人格更加完美，努力开创更加美好的未来。

宋向光先生认为，如今陈列展览的内容设计工作面临新的挑战，“怎样在中华民族历史背景下表达当地社会历史文化特色，能否在历史发展的因果链条中凸显本地社会人文的亮点，如何将如地火潜藏般的地域历史发展脉络与当地建设辉煌成就有机结合，如何协调严肃的学术题材与轻松的休闲需求，如何统筹线性的内容线索与交织的多元信息。在信息化和学习型社会的背景下，在文化产品成为市场新宠的环境下，博物馆陈列内容的选择和设计是否仍要坚守学术的严谨，是否仍要坚持对民众的教化，对这些问题的思考，并不是要求我们在历史与现实之间做出选择，也不是要评判正误，而是要正视它们对陈列的影响。将这些新的思考包容到博物馆陈列中来，并在应对挑战的努力中创造博物馆陈列表达的新方式”②。

① 李让、李文昌：《博物馆的记忆与想象》，北京，学苑出版社，2005。
② 宋向光：《在陈列的瓶颈期》，载《中国文物报》，2009-12-02（6）。

随着经济社会的不断发展，广大民众精神文化需求呈现出多层次、多方面、多样性的特点，审美情趣、欣赏习惯、评价标准等与过去相比有了很大不同。在此情况下，如果一座博物馆的陈列展览内容单调、展示手段陈旧落后，甚至长时期保持一副老面孔，就不会有吸引力和感染力。“面对新的工作环境、工作条件、工作手段和工作目标，传统的陈列理论、制度和方法已难于解释和指导变化的工作实践。博物馆陈列工作者必须直面现实，深入思考博物馆陈列实践发展提出的新课题，力求在认识和观念上获得新的理解和共识”[①]。

陈列展览的思想主题内容与陈列艺术形式之间的关系，一直是人们关注和探讨的一个热点话题。不同历史时期存在着“重内容、轻陈列”或“重陈列、轻内容”的不同倾向，而目前“重陈列、轻内容”的倾向比较突出。实际上，思想主题内容是博物馆陈列展览的灵魂，陈列艺术形式必须服从于陈列展览所要展示的思想主题内容。文物陈列展览是一项科学性很强的系统工程，包括展览策划、内容设计、形式设计、展厅安排、展览制作、展品布置等多项内容。其中内容设计是陈列展览的灵魂和核心，包括遴选文物、提炼主题、拟定展名、撰写文案等各个环节。更为重要的是，要将思想主题贯彻始终。

博物馆陈列展览以文物藏品为主要语言。博物馆展览中信息的传播，需要告诉观众每一件文物展品经历的沧桑和背后不为人知的故事。通过这些可以遵循历史的足迹，寻找文化的脉络，使观众获得启示和教育。苏东海先生认为，“每件文物都有自己的故事，可是博物馆并不注意去追寻它”。“如果我们在加强藏品的科学研究的同

① 宋向光：《在陈列的瓶颈期》，载《中国文物报》，2009-12-02（6）。

时，加强藏品的人文内涵的研究，追寻每件藏品的故事及其中蕴含着的动人心弦的情感，那我们的藏品研究将会进入更广大的领域；我们的观众将会流连于文物的情感之中，而驻足不去”[①]。

博物馆的陈列展览并非简单意义上文物的叠加与组合，而是一个复杂的艺术创造的过程。利用工业遗产建筑筹建的明孝陵博物馆，基本陈列颇具特色，以朱元璋与明孝陵为主线，内容上分为天、地、人三个元素。即朱元璋由平民成为皇帝或者说“天子”，这是从“人”到“天”的过程；而由皇帝到“驾崩”，葬入孝陵，则是从“天”到“地”的过程。陈列展览抓住这一人、天、地的变化主题，通过展示空间中高度的抬升和下降，得到了很好的展示效果。展示空间从平面到登基场景，形成高度的抬升，随后展示空间转入下沉，通向模拟地宫，形成高度下降。

好的陈列展览是观众到博物馆的理由，观众能用心、动情参观才是好的陈列展览。好的陈列展览应集思想知识内涵、文化学术概念和现代审美标准于一体，既反映真实生活，又生动可读感人。作为博物馆工作的核心内容，博物馆通过对文物藏品的组合陈列展示，传播知识，履行社会教育和服务职能。每一个展览都不应该是简单的文物展品排列与组合，而应该为观众营造良好的欣赏展品的氛围。陈列展览中的所有元素之间应相互作用，形成整体，将孤立的文物还原到当时历史的文化体系之中，让观众充分理解其独特的价值，在一定范围内产生预期的效果，拉近观众与文物展品之间的距离。

大英博物馆于 2003 年完成了第一展厅的改造，以“启蒙运动”展览对公众开放。展示空间和陈列展览内容经过精心改造和设计，保留了最为传统的 19 世纪博物馆的状态。陈列展览沿用了以前大英

① 苏东海：《博物馆的沉思——苏东海论文选》，北京，文物出版社，1998。

图书馆的老展柜，尽管这些没有内部照明的老式展柜展示效果并不理想，但是文物展品却连同展柜一起讲述着历史，观众能够从中感受到启蒙运动的意义。展厅内文物展品仿佛没有严格进行分类，只有笼统、简单的文物展品说明，恰恰可以和其后的100多个展厅形成反差，“代表着现代文明的起点”。陈列展览设计者精心构建这样一个“启蒙运动”时期的语境，就是希望启发观众自己寻找历史线索，自己组织知识结构，按照自己的方式理解文物展品，从而带给观众深刻的参观体验。虽然有人认为大英博物馆的陈列展览方式原始，但是它在提示人们空间环境对于观众理解陈列展览和文物展品的重要性。

一位美国学者曾说：“博物馆不在于它拥有什么，而在于它以其有用的资源做了什么。”陈列展览通过空间展示的表现手段，向观众传递文物展品信息，以达到观众和文物展品间的交流。因此，空间设计是博物馆陈列展览设计的重要组成部分，是陈列展览形式设计的一个重要环节。空间设计主要是利用展墙、展柜等辅助手段，对既有的展厅空间进行再组织和利用的过程，是一种人为环境的创造。博物馆文化的最大特点是实物教育，最吸引观众的是博物馆所收藏的丰富文物。良好的空间设计，依据文物藏品进行量身定做，使文物展品和展示空间构成有机关系，使陈列展览得到最合理的组织规划，达到最佳的展示效果。同时，色彩与光线对于突出环境氛围、形成陈列展览风格、营造陈列展览情调至关重要。一个优秀的陈列展览，离不开色彩与光线的合理选择与运用。既要强调和谐，又要避免单调。

从本质上讲，博物馆陈列展览的目的是通过艺术的方式进行文化知识传播，陈列设计总的原则是形式必须服从内容，而要突出内容，则需要良好的表现形式来衬托。每个展览的主题和内容不同，时代与文物种类不同，都会给陈列设计的形式提出特别的要求，需要通过不同的创意予以表达。其中博物馆展览的造型设计包括展柜、展墙、台座等诸多项目，在造型设计和组合使用中，应注意处理统一性与多样性之间的关系，统一性能够使陈列展览展现出整齐与和谐，多样性能够使陈列展览表现出韵律与节奏。

除文物标本外，陈列展览中还大量采用艺术和技术含量较高的辅助艺术品和科技装置，例如地图、模型、沙盘、景箱、场景、蜡像、壁画、油画、半景画、全景画、雕塑、多媒体、动画、触摸屏、电子书、幻影成像、全息投影、影视、场景复原、电动图表、观众参与装置等。这些辅助艺术品和科技装置，无论是用于还原、再现，还是重构，都应有一定的学术支撑，都必须围绕陈列展览思想主题，以知识、信息和文化传播为主要目的，根据内容表现需要专门策划，并进行高质量设计制作。

博物馆举办展览应注重关注社会，关注现实，关注民生，关注“人文精神、艺术哲学、科技美学”等要素的结合与体现，提倡求异，挖掘个性，着重研究个性化、差异化、感知化、人本化的设计理念。陈列展览工程虽然包含普通装饰内容，例如展示空间的吊顶工程、地面工程、墙体基础装饰装潢工程，以及陈列展览中使用的基础电器工程。但是从总体上来讲，陈列展览工程应该是一项兼具学术性和科学性的艺术工程。费钦生先生认为，“我们面临着大、中、小的陈展空间，高、中、低的陈展经费，面临不同内容、不同性质的展览，都要倾心去设计，不是只有场景，只有声、光、电才是好的设计，而是要认真做好陈展空间的整体，每个细节的设计要为主题服务，并且做到人文关怀”[①]。

① 费钦生：《博物馆与世博会》，载《中国文物报》，2010-07-28（5）。

因此，必须坚持博物馆陈列展览的工作目标，遵循陈列展览的工作规律和业务规范，实现学术成果与实物展品的有机结合、知识内容与视觉表达的融会贯通、社会教育与自主学习的协调配合、文化传播与大众休闲的相得益彰。“一个优秀的博物馆，不在于馆的大小及豪华程度，关键在于是否有思想。一个没有思想，只有文物陈列的博物馆，实际与文物仓库或文物商店并没有什么区别。没有思想的博物馆，等于没有灵魂，只是城市点缀风景的花瓶，具有观赏性，但缺乏启迪社会的作用”[①]。

博物馆的未来正在朝着集历史教育、艺术欣赏、公众参与、文化传播和娱乐休闲一体化的方向发展。博物馆陈列展览的特点主要通过思想主题、题材结构、表现视角等内容方面的特点，以及信息呈现方式、视觉表达手段、传播媒介类型、艺术表现风格等传播方面特点反映出来。当代博物馆陈列呼唤多样化。社会公众对博物馆陈列的需求趋向多元，希望看到更多不同题材、不同视觉表达方式，给人们以创新启迪和审美愉悦的陈列展览。各类博物馆也希望通过陈列展览突出本馆特色，陈列内容的多样化呈现，有助于使文物藏品以更加深刻的内涵呈现在观众面前，有助于观众在比较中获取更多的文化信息，在比较中深入思考。

当代博物馆陈列展览应该鼓励创新，鼓励创建具有鲜明特色的陈列风格。正如加拿大康宁玻璃艺术博物馆馆长所说：“我的使命就是让人们对玻璃感到兴奋。”这句话直观地解释了有趣的博物馆对于观众的影响[②]。 陈列展览形式的多样化表达，可以更加有效地激发观众参观兴趣，改变观众过去在博物馆的视觉疲劳感，实现愉快的

① 张浩：《博物馆不应是花瓶》，载《北京日报》，2010-08-08（8）。
② 冯好：《浅谈博物馆的公共形象》，载《沈阳故宫博物院院刊》，2008（6），27页。

参观体验，使观众多维度地接触展品信息，在愉悦的参观体验中丰富知识、技能和学习能力。使观众在博物馆里不仅能以愉悦的心情学习知识，还能得到身心的放松和文化的享受。

突出功能是现代主义的准则，主张“形式服从功能”“功能就是形式”。在博物馆陈列设计方面，现代主义认为只要能完美地表达展示功能的设计形式，就是好的陈列展览设计，人们就会理解接受，以此作为评价陈列展览设计的重要标准。但是形式仅仅表现单纯的功能，不是设计真正的内涵。上海博物馆绘画馆的窗格、竹子、假山石，它们的真正用途与绘画作品的内涵本无多少关系，而是为营造一种展厅氛围，传达一种江南地域文化、审美情趣，使观众产生美感和对美的追求、向往，这种文化气息浓郁的氛围是一种有趣联想，一反过去单调疲乏的功能性的设计[①]。

因此，在陈列展览设计时既要符合基本功能的构成规律，又要克服现代主义对功能理解的局限性。也可以说，在陈列展览设计中既要否定现代主义片面反对传统和装饰的做法，又要反对忽视甚至损害使用功能的矫揉造作。以展板上的装饰布为例，除了要阻燃、吸音、结实以外，在设计时还要考虑美观，创造出富有视觉感染力的陈列效果；展柜放置文物安全是最基本的功能，但是在设计时还要注意款式的美观，与陈列展览内容、展厅整体效果相协调。所以，陈列展览设计是包括了人的生理、心理、物质、精神等诸多方面因素的综合性设计，其中有意义的氛围营造，不仅反映陈列展览内容和观众审美需要的真实感受，而且折射出设计功能的丰富层次。

中国历史博物馆的“中国通史陈列”，自原始社会开始，至清朝灭亡结束，结合中国历史发展特点划分历史阶段，其特征是以考

---

① 江涛：《博物馆陈列设计风格的多元化问题》，载《中国博物馆》，2006（4），40页。

古发掘及传世文物为基本展出材料，力求全面、系统地展现中国历史，这不仅在世界上独一无二，也是我国博物馆事业历史上具有划时代意义的重要陈列[①]。“中国通史陈列”展览模式，在相当长的时期内，影响了全国的省级博物馆，甚至市县级博物馆，很多陈列展览都是以每个朝代、每个时期的政治、军事、经济、文化四大部分进行划分，形成固定的陈列展览模式，造成很多博物馆应有的特色难以突出，也影响了观众参观博物馆的兴趣。

20 世纪 90 年代上海博物馆新馆落成，作为一座艺术性博物馆，陈列展览突破以往惯例，取得创新性效果，获得普遍赞扬。于是很多博物馆又争相学习上海博物馆的陈列展览形式，这样往往忽视了自身的特色，走向另一个极端。“有人讲要让文物自己说话，其实文物自己是不能说话的，还是要靠我们的展陈工作者通过内容设计和形式设计把文物内在的信息揭示出来，展示给观众”[②]。但是，目前陈列展览内容中必要的文字说明和辅助材料太少，只是简单的描述文物名称、时代、出土地点等基本信息，过于简单笼统，普通观众往往看不懂陈列展览希望表达的文化内涵，兴趣索然，如此博物馆的陈列展览难以抓住观众。

美国媒介批评理论家尼尔·波斯曼继《童年的消失》《娱乐至死》之后，又推出《技术垄断：文化向技术投降》。针对美国一切形式的文化屈服于技艺与技术统治的弊端，他不无忧虑地告诫世人，“如果我们容许一种技术进入一种文化，就必须要瞪大眼睛看它的利弊”。在我国，尽管高科技尚未在博物馆这种文化体中生根，但是我们也必

① 卫东风、曾莉：《改造与整顿时期中国博物馆展览活动案例分析》，载《中国博物馆》，2008（4），91。

② 李让：《博物馆就是要最大限度地利用自己的资源为时代进步和社会的发展服务》，见《博物馆观察——博物馆展示宣传与社会服务工作调查研究》，112 页，北京，学苑出版社，2005。

须密切关注、冷静分析其利弊得失。今天，当一些博物馆出现娱乐化倾向之时，当有人倡导博物馆要“尽可能地满足观众的娱乐性需求”，要“与真正的娱乐一样，本身必须具有足够的娱乐性、刺激性和发现性”，应该“与其他娱乐形式或娱乐设施相结合”时[①]，博物馆专家们对此予以高度关注。

苏东海先生强调，娱乐固然是文化的一种重要功能，却不是文化的核心价值。文化的根本意义在于提高人类的精神境界，满足人类心灵上的需要。应当指出，虽然审美与娱乐存在着内在的关联，但是绝不能将二者混为一谈。审美过程虽然可以使人愉悦，但其终极追求则是“善”与“美”。如果陈列展览设计过分追求消遣、娱乐，充其量也只是迎合了一些人寻求刺激和娱乐的浅层次需要，就会放弃审美追求，降低艺术品位，最终沦于低级趣味。思想性和艺术性是博物馆不可放弃的基本追求，陈列展览的目的不应该转归于寻求感官刺激和世俗娱乐。

免费开放后，博物馆观众呈现出新的特点，低收入人群、劳动阶层人群和离退休人群的比重显著提高，家庭群体观众也有明显增加，参观活动的“休闲”色彩更为浓厚，观众在博物馆中表现出更大的自主性，学习和文化休闲成为观众的主要需求，而且学习与休闲的结合更为紧密。观众在博物馆中的学习，不再会满足于单纯的记忆，而希望享受发现、推理和验证的乐趣。因此，应该改变以往博物馆给予观众枯燥、单调的印象，尝试通过多样化的科学普及方法，使参观者在博物馆得到“休闲式”学习体验。观众喜欢参与互动的体验，娱乐性应该成为观众在博物馆体验的一部分内容。

“‘寓教于乐’，不是简单地将学习过程游戏化，而是让学习者感

① 侯春燕：《博物馆陈列艺术与技术的界阈约论》，载《中国博物馆》，2008（1），70页。

受到学习过程中‘豁然开朗’的快乐”[①]。苏东海先生指出，“博物馆应该明白，如果要娱乐观众，博物馆永远无法和迪斯尼相比”[②]。实际上，观众期待的是提供给他们特别意义的陈列展览，特别是愉快的文化体验，而不是一般的感观刺激。好的陈列展览，并不在于声光电等现代科技手段的运用，也不在于色彩的夺目和形式的奇特，虽然这些也是陈列展览的必要手段，但是更为重要的是要有以服务观众为中心的思想，以及在这种思想指导下的设计理念，使其适应观众的认知方式和审美习惯。这样，就要在陈列展览的内容设计和形式设计之间取得平衡。

二、实现陈列展览的观赏性

故宫博物院的宫廷史迹部分展示方式是典型的复原陈列，以保存历史原貌为主旨，例如太和、中和、保和三大殿，乾清、交泰、坤宁后三宫，养心殿，西六宫除永寿宫以外的各个殿宇，均是宫廷史迹原状陈列场所。这些展示场所全部根据历史文献记载进行布置陈设，最大限度地再现当时皇家政务和内廷生活场景，对于历史研究有着极为重要的参考价值，也最受普通观众喜爱，做到了雅俗共赏。原状陈列虽然反映的只是历史的某些侧面，但是它能真正地再现当时的社会生活场景，并直接诉诸观众的视觉，给观众以感性的认识，有助于人们对历史时期、历史环境及其当时社会生活的了解。既然是“原状”，就要以严格的史实作为依据，以科学、认真的态度进行考证，设计出原状陈列的真实性、可信性与历史性和艺术性[③]。

① 宋向光：《愉民育民 不辱使命》，载《中国文物报》，2008-04-25（6）。
② 续颜：《21世纪博物馆藏品与社会责任》，载《携手2010：宁波国际博物馆高峰论坛》，49页。
③ 卫东风、曾莉：《改造与整顿时期中国博物馆展览活动案例分析》，载《中国博物馆》，2008（4），91页。

19世纪50年代之前，一般平民对参观博物馆几乎毫无兴趣，不仅对内容看不懂，而且视觉上也感到疲劳和不适。英国著名的工艺美术家H. 寇尔（H.Cole）首次提出要把工艺美术与陈列展示内容有机结合，例如通过油画、水彩画、雕塑、木刻等帮助观众了解陈列展览内容及重点，减少疲劳，还可以在身心愉悦中得到美学享受。此后，陈列展览的理论与技巧不断创新，博物馆领域也出现了专职的陈列展览设计人员，极大地改变了陈列展览形式设计水平，影响着博物馆的公众社会形象①。今天，博物馆的陈列展览向着艺术化、人性化、数字化等方向发展，努力寻找更符合现代博物馆陈列展示特点的传播手段。

随着科学技术手段的发展，陈列展示形式远远超越了传统的图文展板的静态展示，例如模型演示、景观再现、视频展播、幻影成像、主题剧场、互动体验项目等各类动态展示，通过视觉的新颖性和冲击力，很容易激发公众主体参与意识，唤起共鸣。陈列展览技术在博物馆的合理应用，依托于文化创新的设计理念，实现陈列展示功能需求与新技术、新材料的合理把握，陈列展览设计与艺术表现形式的相互渗透，陈列展示空间与自然环境的和谐共生，体现出博物馆专业人员与展览设计与施工制作等方面的高度协调配合。

陈列展览是一门综合性的空间艺术。陈列艺术设计几乎包括所有造型艺术的手段，融建筑艺术、工艺美术、绘画雕塑等各方面于一身。传统的博物馆陈列展览，在大多数情况下只是把文物展品名称、年代、类别等静态信息传达给观众。在这样的传播环境下，观众只能被动地观看展品信息。但是，博物馆的基本陈列不仅需要一时的视觉冲击力，更需要引发沉思，满足欣赏需要。文物展品是展

---

① 甄朔南：《世博会与博物馆》，载《中国文物报》，2010-04-14（4）。

示空间的主角，应以最有效的空间分割，使所有展品都散发出文物所具有的魅力，使文物展品的展示秩序更具有逻辑性，使各陈列单元空间分布更具有合理性，从而使文物展品达到最佳的展示效果。

因此，对于陈列展览应实施全面的质量监督、精细化管理和人性化服务。通过改进展览展示的方法，使说明文字更通俗、字体更清晰、距离更接近等，便于参观者理解展览内容。为了确保文物展览还原历史的真实性，应对文物展览中复制品的准入条件做出严格要求，分析文物复制品参与展览的必要性，确定陈列展览中复制品所占比例。同时，展出的复制品数量和内容应在陈列展览的介绍中予以明确说明，在展出标签中予以明确标注，并对原物原作的情况做出简要介绍，避免造成以仿传真，以误传误的不良后果。

每一个陈列展览都应具有独特的品质，审美风格应当与展示内容相呼应，绝不能因为盲目追求形式美，而伤害陈列展览的思想性和科学性。反之如果陈列展览所表达的视觉感受、所营造的环境气氛，与展览主题和内容设计互为表里，就可以使陈列展览的主题、内容、信息、知识与形式、视觉、环境、感受交相辉映，使陈列展览的思想性、学术性和知识性，伴随观赏性、趣味性和互动性，沁入观众的脑海心田，给观众留下深刻的印象。“那么这种审美不仅有利于观众理解展览内容，甚至美本身就成为参观学习的动力”①。

茶叶博物馆通过环境整治，将周围的户外场所作为展览的辅助空间，有效地创造出活泼有趣、生机盎然的景观。“龙井茶，虎跑水”是杭州的“双绝”。首先，博物馆充分挖掘茶文化内涵，展示出100多种千姿百态的茶树品种，对各种茶树品种的产地、名称、类别详细说明，营造出内容丰富的室外展区。观众不仅可以看到常见

① 严建强：《论博物馆的传播与学习》，载《东南文化》，2009（6），100页。

的灌木型茶树，还可以观赏5米多高，自然生长了50多年的大茶树。其次，博物馆做足“水”的文章。通过环境整治工程引西湖活水，采用深潭蓄水、分层筑坝、涌泉、山涧、溪滩等手法，对水系进行处理，营造多种水景，形成室外品茶区域。通过种种努力，茶叶博物馆拓展了博物馆文物收藏、公共展示、旅游休闲、美育启智等多方面的功能①。

浙江杭州中国茶叶博物馆

近年来，一些博物馆结合自己的地域特点，构建突出自己特色的陈列展览的同时，不断推出新的陈列形式，应用先进科学技术手段，摆脱过去以展板为主的说教式的展示形式，加入多媒体技术，对灯光、温度进行运用调节，采用可操作模型、触摸屏等动手参与

① 杨建新：《博物馆：浙江公共文化服务体系的重要环节》，载《国际博物馆》，2006(2)，112页。

项目，使观众在轻松愉快的活动中学到知识。秦始皇兵马俑博物馆不断探索陈列展览形式创新，通过现代科学技术的合理应用，增加观众的文化体验。在展厅中设置了多媒体演示系统，展示秦始皇陵区的航拍录像、俑坑发掘过程、俑坑结构的三维动画图、兵马俑修复过程等，这些都有助于观众了解秦始皇陵的全貌，有助于深入理解与秦始皇兵马俑相联系的深层文化内涵①。

浙江自然博物馆新馆的"'自然·生命·人'基本陈列"较多地运用景观和高科技手段，但是并没有给人们留下过度的印象。"地幔对流""高仿真达尔文机器人剧场""抛物线观测仪"等与陈列展览内容相得益彰，有力地支撑了努力追求体验、探索和发现的设计目标。"绿色浙江"的山地、湿地和海岛等生态系统景观，都是组织专业技术人员赴实地考察，择取生态系统景观信息并进行模拟设计，高仿真翻模制作而成。这种通过对于细节精益求精制作，维护博物馆真实性、科学性和直观性特征的做法，值得提倡②。

博物馆的陈列设计是博物馆时空在内容与形式上达到统一的关键。博物馆的陈列设计应该具有和谐美，把握好内容、版式、文字、展品等各种陈列要素的变化与统一，具有良好的视觉效果，只有这样才能吸引观众前往。在整体空间环境设计上，通过采用展墙、展柜、展台，加上艺术造型、景观、屏幕等系列展示语言，进行合理地把握和处理，构筑流畅而富于变化，有起伏、有节奏、有韵律的参观路线。同时需要准确把握展线长短、展柜高低、色彩明暗、光线强弱、文字大小等尺度，避免造成观众生理疲劳，影响观众心理情绪。

① 王德玮：《试论博物馆现代化》，载《博物馆学研究》，2011，179页。
② 《第九届（2009—2010年度）全国博物馆十大陈列展览精品评选呈现出六大特点》，载《中国文物报》，2011-07-13（7）。

在博物馆的复原陈列中，通过选取某一历史现象的场面或某一自然生态的场景实现“情景再现”，深入挖掘真实的历史氛围和生动的生活情景，挖掘特定人物有血有肉的精神世界内涵，通过文物与环境组合、文物与模型组合、文物与图像组合等方式，在不改变文物原状的基础上，对展示空间进行技术处理，恰如其分地再现历史氛围，恰到好处地模拟历史情景，强化时空中的历史真实感，摈弃脸谱化、符号化的表现模式，改变传统陈列展览呆板、单调、静态的方式，通过各种表现手段的应用，丰富陈列展览的艺术语言，达到内容设计与形式设计的和谐统一，在带给观众视觉享受的同时，使之能够更好地感悟陈列主题。

“以人为本”的设计思路应体现在陈列展览的各个方面。例如博物馆陈列展览的照明环境，不但要使观众能够清晰观赏文物展品，还应该给人们以舒适的感觉，因此需要有人性化的照明环境设计。目前博物馆流行没有自然采光，不少展厅采用灯光投射的封闭式展厅，这种密闭的环境，黑暗的氛围，使人们难以长时间驻足。埃及国家博物馆就因某些展室的光线太暗，使参观者几乎无法看清文物展品的细节，而受到参观者的批评。因此应该考虑人们在陈列展示空间中的舒适度，既保证文物展品安全、陈列展示效果，又兼顾观众的身心健康，在条件具备的情况下，适度增加采用自然能源的比重。

营造博物馆内不同区域的光照亮度，是陈列展览照明设计中常用的一种方法。L.I. 康曾（L.I.Kahn）说过：“光是一切存在的赐者”。一般而言，亮度分布比较均匀的环境会令观众感到愉快，使参观者视线集中，如果亮度差别过大，就会引发观众视觉疲劳，甚至会造成不愉快的心理感觉。但是如果亮度过于均等，则会使观众产生呆板、单调和漫不经心的负面情绪。因此陈列展览设计应更加注重研究观众在参观过程中的心理活动规律，灵活运用照明环境艺术，用光照亮度的科学合理变化来增强陈列展览和文物展品的观众亲和力。

在欧洲部分传统建筑的博物馆展厅中，可以看到进入陈列展厅的自然光同时与灯光配合使用。布兰德霍斯特博物馆顶层的展厅设计，将光从顶棚上方引入室内，通过用半透明纤维材料制成的天花板过滤，使明亮的顶光均匀地播撒于展厅内，参观者可以在静谧与光明的展厅里，欣赏和探究文物展品背后所隐藏的故事。同时，下面一层展厅的采光方式，通过吊顶上方侧墙上的窗口，将光线引入室内，再经过白色百叶，把从顶部折射下来的自然光线柔化，并散布于展厅内的各个区域。另外，部分补充的人工光源也是必需的，特别是在天气不好的情况下。统计表明，经过一段时间的运行后，50% 至 70% 的开馆时间，可以单纯使用自然采光系统而无须耗费一度电，这不仅为艺术品提供了最理想的光源，也节省下了一大笔博物馆的电能费用①。

希腊典雅的新卫城博物馆 2009 年 6 月竣工开馆，蓝天是这个博物馆的设计概念之一。博物馆展厅环绕着明亮的自然光线，这里用于展示雕塑的光线，不同于用来展示油画和素描的光线，从博物馆展厅里可透过玻璃幕墙看到不远处的帕提农神庙。在陈列展览中，采光与色彩的定位应由陈列展览的主题内容所决定，陈列内容是环境设计的基础，采光与色彩设计是表现形式，来烘托和表现陈列展览的主题，传达陈列展览的韵味与氛围。例如“云南文明之光——滇王国文物展”所采用的明亮效果，给人耳目一新的感受。

博物馆陈列展览不是任意的艺术创作行为，而是受到博物馆使

① 陈立超：色彩斑斓的“珍宝盒”，2009（5），32 页。

命、博物馆学理论、博物馆藏品、陈列展览主题和博物馆观众的制约。尽管如此，博物馆陈列展览的创造空间并不狭小，涉及专业领域众多。例如在陈列艺术方面涉及博物馆学、历史学、建筑学、艺术学等；在实际操作方面，涉及空间设计、平面设计、电气设计、结构设计、多媒体设计等，在制作工艺方面，涉及装饰装修工艺、摄影印制工艺、雕刻油漆工艺、绘画雕塑工艺、金属制造工艺、文物保护技术、安全防卫技术等。所有设计、工艺和技术都为陈列展览的完成而服务，也构成了陈列展览的综合性。

在陈列展览场所，各类展柜、展具、灯光、音响、视频设备以及其他多媒体展示设备，在展览设计中必须精心地进行配置，才有可能取得良好的展示效果，并有助于表现陈列艺术的感染力。例如陈列展柜设计必须遵循实用与审美相结合的原则。陈列展柜直接服务于文物展品，是博物馆藏品公开展出时的保管器具，因而必须满足安全防范的各项要求，诸如防盗、防火、防虫、防尘、防潮、防光害等。陈列展柜必须具有良好的展示功能，各个部位的尺度比例均须符合人体工程学的原理，使得观众参观时感觉舒适；陈列展柜的开门方位、开门方式、构造亦须要符合使用方便性的原则，以利工作人员提高效率。

此外，陈列展柜是决定整个陈列艺术形象主要因素之一，结合陈列展厅内部装修，创造出博物馆环境特有的艺术气氛和气质，提高文物展品的表现力，给观众以美的享受。展具是文物陈列中文物与展台对接的部分，是观众视线最敏感的部位之一，往往需要特殊的工艺制作，展具的首要功能是保护文物安全，而后是美观精致，不影响文物展品的美感，不影响观众的观赏。灯光不仅是满足人的视觉功能需要和照明的主要条件，也是创造空间、美化环境的基本要素。灯光可以构成空间，改变空间，美化空间，但是也能破坏空间。因此，博物馆陈列展览照明灯具的选择和运用，直接影响展示空间设计的效果。

近代以来，博物馆陈列始终体现着科学的艺术化和艺术的科学化趋势。科技力量之作用于博物馆，为陈列的艺术表达提供了新素材、新思路和新手法，从而为观众带来了全新的艺术体验和美感。陈列设计艺术性的增强，有赖于设计者的深厚艺术素养和对陈列主题、意义的深刻理解和准确把握。如果过度依赖技术，漠视对陈列内涵和特质的研究，就会导致技术对艺术的弱化或侵蚀。在陈列展览的总体设计中，形式是手段，内容是目的，而在具体的形式设计中，则科学技术是手段，文化艺术是目的。苏东海先生曾多次强调：“在陈列展览中，技术是手段不是目的”，因此，“不要滥用新技术手段，不要喧宾夺主。”

形式设计和技术运用的终极目的都是张扬文物展品的文化个性，而不是为形式而形式，为技术而技术。应该信守博物馆陈列的基本理念，避免不顾主题特性，背离艺术规律，混淆艺术和技术，盲目追求高科技手段，从而降低陈列展览的文化与艺术品位的问题出现。博物馆陈列是由多种展示要素构成的，其中包括文物、图片、艺术品、模型、蜡像、道具、建筑、景观、影像、符号、文字、声音、灯光、多媒体等。一方面，陈列艺术寓于技术要素之内，前者要通过后者来展现，另一方面，艺术效果也不是技术要素的简单堆砌。在博物馆的陈列展览中，技术从属于文化艺术，而不能僭越或替代文化艺术[①]。

“20世纪80年代，外国博物馆学家评论我们的陈列是挂在墙上

① 侯春燕：《博物馆陈列艺术与技术的界阈约论》，载《中国博物馆》，2008（1），70页。

的教科书。这是一针见血地指出了我们陈列的弊端。[1]” 当前，博物馆事业正在迎来空前繁荣的时代，为陈列展览提供了更加广阔的平台。但是，我国目前的博物馆陈列设计的现状，仍然是喜忧参半，喜的是伴随博物馆事业的蓬勃发展，优秀的陈列展览设计不断涌现；忧的是量大面广的陈列展览，出现形式和风格的相似、雷同，缺乏理论研究和新的探索。身处博物馆展厅之中，仔细观察不难发现，大多数参观者属于走马观花式的浏览，参观活动结束后很多人对展出内容依然只是一知半解，这样不仅使展览的效果大打折扣，博物馆的教育功能也没能得到充分发挥。

目前，不少博物馆的陈列展览仍然缺少个性和特色，许多陈列展览往往选题没有新意；主题提炼不足，平铺直叙，面面俱到；内容枯燥乏味，学究气浓，通俗性不足；展览结构混乱，逻辑性不强，多为教科书的翻版或是沿袭简单的王朝体系，展览表述过于理性，感性不足；展览信息安排繁杂混乱，不易为观众接受[2]。 在我国传统的陈列展览理念与实践中，一般是强调思想性、学术性、知识性等，观赏性问题长期不受重视而很少提及。有时甚至将其置于被排斥、被批判的地位，将观赏性与思想性等对立起来。缺乏空间变化的陈列展览，不仅使人们感到压抑，而且令人感到乏味，无疑大大妨碍了人们对陈列展览观赏性的认识和营造。

早在 1936 年上海市博物馆馆长胡肇椿就曾指出，“博物馆是完成文化艺术使命的机关”。1947 年中国博物馆学家韩寿萱也在一次演讲中强调：“陈列的本身就是一种艺术”。他在介绍欧美博物馆时

---

① 苏东海：《什么是博物馆——与业内人员谈博物馆》，载《中国博物馆馆刊》，2011（1），140 页。
② 陆建松、郑奕：《中国博物馆学应加强博物馆建设研究》，载《中国博物馆》，2008（3），56 页。

说道，“他们的陈列，是先选定一个展览目的，然后根据这个目的，去收集实物、研究实物，再创造适当的环境，陈列其中，使陈列品更有意义。而最重要的，是他们的陈列，能将高深的学理，通俗化、具体化，使人易于了解。或者把杂乱无章的实物，整理出个系统，看出了异同，鉴定了时代，使参观的人们，可以了解历史上的演变和文化上的进步”。这样的博物馆陈列“有意义、有系统、富于美感、易于领受”。

今天，造成我国博物馆展览水平不高的一个关键原因，是陈列展览规划与设计不到位。事实证明，一个陈列展览精品的形成，并非仅仅取决于好的题材立意与高科技手段，更为重要的是取决于内容和形式的统一和协调。例如上海博物馆的青铜器陈列给参观者以深刻印象，展示空间选用类青铜色织布作展墙基色，其上还镶嵌了体现金属特性的金线条，并在展柜台座上设计了仿古装饰纹样。与展品的艺术风格相映成趣、互相衬托的陈列形式以及造型别致、各具千秋的一件件艺术珍品，共同成就了一个颇具古雅、凝重艺术气质的陈列展览。

试论博物馆陈列展览的丰富性与实效性[①]

（2013 年 12 月 28 日）

博物馆的陈列展览是文物藏品保护与研究成果的体现，是实现文化价值和核心功能的基本方式，也是直接服务民众的重要手段。陈列展览包括设计与制作、展览与开放、交流与服务等方面，体现出一座博物馆的管理与服务水平。因此，博物馆的陈列展览应提倡精品意识，增加文化内涵和科技含量。今天，在“人”“自然”和“社会”环境之中的博物馆陈列展览，呈现出前所未有的丰富性。同时，新时期的博物馆陈列展览，更加注重契合广大民众文化需求的时效性。

一、实现陈列展览的丰富性

1956 年，国家文物局在山东省开展博物馆陈列展览试点，山东省博物馆作为综合性博物馆，陈列展览主要包括自然部分、通史陈列、专题陈列。这一试点成功后，全国博物馆系统学习山东的经验，学习的重点主要是通史陈列的模式，展示内容涵盖“从猿变成人”的过程，社会进程则直至中华人民共和国成立。当时，全国博物馆的陈列展览普遍存在过于强调形式而忽视文化内涵的问题，也给此后“千馆一面”的陈列展览模式埋下了伏笔。长期以来，众多博物

① 此文发表于《南方文物》2013 年第 4 期，第 1 页。

馆的基本陈列展览通常采用编年组织结构、线性陈列线路的展示体系，但是，这种展示体系对于展厅规模较大、文物展品较多的博物馆而言，容易造成观众疲劳，也不利于突出陈列展览的主题。

山东省博物馆

这一时期，众多市、县级博物馆的陈列展览，基本呈现两种模式，一种模式是由考古发掘出土文物，加上部分传世文物组成的文物展览；另一种模式是按照历史教科书结构安排的地方通史陈列。一方面，这些陈列展览内容传统，文物展品说明过于专业，大量采用普通观众不认识的生僻字，而缺少适当的科普意识，缺乏相关的信息服务，影响观众的参观体验效果。另一方面，这些陈列展览往往不是以观众需求为主要出发点，没有突出社会教育的实效性，陈列展览的手段单调、面貌陈旧、内容枯燥，不少博物馆的基本陈列展览多年不变，更新时间达 7 ~ 8 年，甚至更长，因而失去对社会公众的吸引力。

1996 年上海博物馆新馆落成开放，青铜器展厅等专题陈列展览水平大幅度提高，给人们耳目一新的感觉，成为具有国际水准的博物馆陈列展览范例。近年来，随着一批设施先进的博物馆陆续建成开放，陈列展览有了更加广阔的空间。随着博物馆免费开放的实施，走进博物馆的观众日渐增多，陈列展览的重要性更加突出。目前，每年全国博物馆举办的各类陈列展览 1 万个左右，博物馆陈列展览的影响日益广泛，社会功能的发挥日益显著。同时，博物馆陈列展览的主题内容、表现形式、科技含量和艺术感染力都有较大提高，涌现出一大批引起社会广泛关注和反响的陈列展览精品。

2002 年 12 月上海博物馆、故宫博物院、辽宁省博物馆联合举办的《晋唐宋元书画国宝展》在上海博物馆展出，引发前所未有的文化轰动。“看一次书画展要排 5 个小时的长队，奢侈了吗？不值得吗？ 5 个小时排队，何尝不是 5 个小时情绪酝酿；5 个小时等待，何尝不是 5 个小时心境净化”。《解放日报》记者写道，“一座崇尚精品文化的现代化国际大都市，这样的长队是必需的、优美的，是最动人的城市风景线。” 2007 年湖南省博物馆、国家博物馆合作举办的“国家宝藏”大展，同样观者如潮，取得了显著的社会效益和良好的经济效益，也成为轰动一时的城市文化事件。

博物馆的文物藏品是人类历史自然发展的实物遗存，向人们展示历史文化和社会文明，传达人类社会的变迁信息。长期以来，博物馆专业人员，针对不同年代、不同质地的文物藏品进行科学研究、学术鉴定、整理修复、分类保存，揭示文物藏品丰富内涵和历史科学艺术价值，成功举办各类陈列展览。陈列展览是博物馆面向社会的主要传播媒介，是面向公众传播文化信息的独特语言，即在一定空间内，以文物藏品为基础，配以适当的辅助展品，按照一定的主题序列，采取适当的艺术形式，进行直观教育和信息传播。其中“展”，就是指博物馆应将文物藏品提供出来展示；其中“览”，就是指博物馆应将社会公众吸引过来参观。

但是，现实中博物馆的陈列展览往往不尽如人意，存在一些普遍性的问题，例如一些博物馆的陈列展览主题提炼不足，平铺直叙、内容枯燥、缺乏创意；一些博物馆的陈列展览信息繁杂，结构混乱、缺乏逻辑，不易为观众所接受；一些博物馆的陈列展览注重外在装饰华丽，忽视展示内容的思想性、科学性和知识性。事实上，博物馆能够提供什么陈列展览，什么陈列展览能够吸引更多的观众，需要博物馆付出更大的努力。只有综合藏品研究和社会调查的成果，博物馆才能推出具有吸引力的陈列展览。

在法国，多项调查表明，在不常来博物馆参观的人群中，由于“门票价格因素”仅占4%至10%，而“没有自己想看的东西”和“博物馆令人感到厌倦”则分别占到了41%和21%。卢浮宫博物馆的调查结果表明，观众不常来博物馆参观的原因中，价格因素仅排在第五位，前四位的分别是，“住得太远”“不懂欣赏”“工作太忙”和“馆内观众过多”。今天，博物馆应该是文化教育中心，而不应该仅仅是文物收藏中心，同时，应该成为让人们流连忘返的地方。陈列展览是博物馆的核心文化产品，是博物馆与社会沟通的渠道，是联系观众的纽带。事实证明，如果缺乏主题鲜明、内容丰富、形式新颖、精心制作的陈列展览，博物馆将难以得到社会公众的支持。因此，陈列展览不仅是博物馆发展的应有内容，而且其重要性应该更加强化。

近年来，全国博物馆十大陈列展览精品评选范围逐步扩大，影响日见深远，每届均从两年间产生的上万个陈列展览中评选出25个左右的获奖项目，越来越受到获奖单位的珍视和博物馆所在城市的重视，有力地推进博物馆陈列展览水平的提高，陈列展览精品评选活动的组织工作也不断得以改进和完善，促进陈列展览水平的提高和发展。目前全国博物馆总数已达3000余座，无论是机构数量、门类结构、区域布局、基础设施，还是专业队伍、研究成果、陈列展览、服务质量，以及社会知名度和影响力均得到了显著提升。伴随新建博物馆逐年增多，陈列展览门类、展示服务水平、观众数量和社会关注大幅提高，文化传播和普及功能日益增强。

实际上，“博物馆依靠展览所传播的知识与信息，其实只是这一领域非常有限的很小一部分。客观地说，一个展览所能提供的知识与信息，有时并不比阅读一本参考书所获取的更多。那么观众参观展览最大的收获是什么？应当是满足兴趣，获得启迪。通过有趣的展览启迪观众的兴趣，引导观众离开博物馆后走入书店、打开电脑，去探索更多的知识和信息”。“博物馆作为‘第二课堂’的主要价值，就在于博物馆在人们眼前点亮了无数个问号，而不是句号”[①]。与各类学校和图书馆等公共文化教育机构相比，博物馆的社会教育特点，不但具有思想性、学术性和知识性，而且具有观赏性、趣味性和互动性，能够留给人们一份难以忘却的记忆和耐人寻味的深思，这是各类学校和图书馆等公共文化教育机构所难以实现的知识传播方式。

目前，一些国家级的博物馆在拓展博物馆的工作领域和发展空间上做出表率。展览项目包括世界文明、边疆文明、考古发现等为主题的展览系列，选题的视野扩大到世界范围，选题的角度也逐渐由综述型、精品型向专题型、纵深型发展。策划出融古汇今、兼具中西的优秀展览，向公众传播各种不同的文明和文化，不仅荟萃中

① 冯好：《浅谈博物馆的公共形象》，载《沈阳故宫博物院院刊》，2008（6），27页。

华民族的悠久历史和文化艺术，记录中华民族百年复兴之路，而且还展现世界文明成果。让观众看到中国与西方截然不同的文化形态，通过对比深入了解中华文明的特点。

我国边疆地区文化底蕴浓厚，历史内涵广泛，遗存遗迹丰富。但是由于地处偏远，文物藏品分散，内地民众难以直观了解边疆少数民族的悠久文化。自2000年起，国家博物馆推出了边疆地区古代少数民族文化系列展览，例如甘肃、西藏、内蒙古、新疆、云南等地的古代文化展，受到了社会的欢迎，特别是“敦煌艺术展”和“契丹王朝展”，参观热情较为高涨。高峰时段，购票队伍达百余米，峰值8000余人。为满足多元群体的社会需要，2004年，国家博物馆又举办了“古埃及国宝展”、“日本文物精品展”“古罗马文明展”“古代希腊：人与神”“古刚果艺术展”和“法国百年时尚艺术展”等国际特色文化展览，这些陈列展览使社会民众足不出国就能领略传统的异国文化风情，吸引了众多百姓的观赏。

博物馆应在深入研究文物内涵的基础上，积极探索观众的接受能力、欣赏习惯，从便于观众理解、接受和欣赏的角度，将专业性、学术性和知识性、趣味性、观赏性有机结合起来，使不同文化层次的观众都能各得其所。英国广播公司（BBC）曾指出，国外博物馆能把二流藏品形成一流展示，中国的博物馆是一流藏品三流展示[①]。虽然这一说法并不为博物馆人士所接受，但是，我国博物馆发展状况与所拥有的文化遗产资源不相适应。这种不相适应既体现在陈列展览的数量上，更体现在陈列展览的质量上。

经过近年来的努力，我国省级以上博物馆，以及部分地市县级

① 陆建松、厉樱姿：《我国博物馆展示教育和开放服务现状、问题和对策思考》，载《东南文化》，2011（1），9页。

博物馆的展示服务水平有了显著的提升。2005年年底，国家文物局和财政部先后在广东、江苏、山东、河南等10省的21个县级博物馆启动了“全国县级博物馆展示服务水平提升项目试点”，并在此基础上编制了《全国县级博物馆展示服务提升“十一五”规划》，通过国家财政和地方财政的配套支持，从基础设施条件、经费投入、管理观念等方面入手，力争实现200座左右县级博物馆在陈列展览水平、服务设施水平等方面获得普遍的改善和提高，在社会服务和文化传播方面的整体水平获得显著提升，从而大大拓展博物馆服务广大民众的能力和领域。

山东滨州博兴县博物馆

每一座博物馆都有自己的收藏目标和办馆宗旨，具有独立的文化特质。博物馆中的文物藏品是人类文明发展成果的实物证明，每一件都独具特色，所有这些构成了博物馆的独特优势，越是处于瞬息万变的社会里，博物馆的陈列展览越应该坚持自己的文化特质。“时至今日，博物馆应使得那些经典和优雅的藏品免于沉寂，博物馆应该转变为各种不同且杰出的思想汇集的殿堂”[①]。宋向光教授指出：“博物馆陈列的核心特性在于意义沟通。”博物馆应体现人文关怀，陈列展览设计应站在观众角度上，努力作用于人们的情感世界。“博物馆陈列是能动的，不同的陈列方案可以传达不同的思想情感，进而可以影响公众的认知行为、知识结构、情感指向和价值判断”[②]。

在长时期的探索中，一些博物馆在陈列中采用复原陈列方法，按照历史时期的原貌布置场景，并将有关的文物陈列在适当位置。这种陈列方式扩大了博物馆的影响和教育功能。“早在19世纪，法国官员和收藏家A.索墨拉德（A.Sommerard）就在许多作品中挑出了中世纪的艺术品，并于1832年在巴黎的克吕尼府邸向公众展示了这些艺术品。他整理的这些藏品并非是为了向观众讲述中世纪的艺术史，而是让观众置身于中世纪的文化氛围之中。因此，在这座哥特式建筑的往昔的礼拜堂里，宗教形象与礼仪用品一起展示出来，食具和各种陶瓷器皿陈列在昔日的餐厅里，如此等等。尽管不排除有幻想的成分，但是A.索墨拉德的创造使参观者能够通过他的中世纪环境氛围获得真实的生活体验”[③]。

现今社会，人们欣喜于城市环境迅速提升，同时又担忧文化记忆的丧失。保护文化遗产就是保留城市的灵魂。普通民众生活是城市发展最直接的印证，不同时期生活状态和物品遗存组成了城市记忆，而城市记忆又演绎着民族文化的传承。例如上海世界博览会园区中有一个展馆叫做“掘出来的梦”，展品是377件上海市过去年代遗留保存下来的日常生活用品：竹躺椅、樟木箱、“三五牌”座钟、

① 程乾宁：《“非线性”的逻辑》，载《东南文化》，2009（S），38页。
② 付建中：《构建博物馆与公众社会的互动》，载《中国文物报》，2010-08-04（4）。
③ 陈建明：《虚拟的场景 真实的遗产》，载《中国博物馆》，2008（3），16页。

“永久牌”自行车、9 寸黑白电视机、传呼机、大哥大，甚至还有马桶。这个展馆人们看了会感到亲切怀旧，会感慨岁月的流逝、生活的巨变，会感悟昨天、今天和明天的关系，会提示人们如何去看待历史[①]。 在一次文物展览的通信部分，展示出一对夫妻 30 年前的 150 封书信，这些书信在他们看来是过去生活的美好追忆，但是在展览中与电报、电话、互联网的发展陈列在一起，就直观地反映了社会通信的飞速发展，特别是让现在的中小学生真切感受了 30 年来通信手段的不断变化。

近年来，珠江三角洲社会经济迅速发展，房地产建设、旅游开发对文物环境保护带来巨大的压力和冲击，孙中山故居周边环境也不断发生质的转变。孙中山故居纪念馆意识到失去了周边的耕地，将意味着纪念馆品质的严重下降，由此引发出保护环境的创新思维，并付诸实践。为了对孙中山故居周边环境进行有效抢救和保护，设立了“翠亨农业展示区”，开创博物馆“种田”之先例。展示区是紧邻纪念馆的一块耕地，面积约 60 亩左右，其中 2 亩多地是孙中山先生和他的父辈曾耕耘过的田地，从中可以感受到清末孙中山先生在家乡活动时期翠亨村的旧貌。

翠亨农业展示区根据不同的季节时令，种植不同的农作物，例如各种菜、豆、薯、瓜、茄，以及香蕉、木瓜、芒果、荔枝、龙眼等果树，四季瓜果满园。同时，在鱼塘基种桑，桑叶养蚕，蚕粪喂鱼，鱼粪肥塘，塘泥肥桑，循环过程的每一环节均有产出，使桑、鱼、蚕三者互为促进。展示区内还饲养了鸡、鸭、鹅、鸽、猫、兔、猪等禽畜，在这里可以观察禽畜的活动，了解它们的生活习性，并感受珠江三角洲乡村的氛围。展示区内有“水稻传统耕作展览”，展

① 费钦生：《博物馆与世博会》，载《中国文物报》，2010-07-28（5）。

示水稻耕作的全过程，并展示200多种当地水稻耕作农具，例如犁、耙、锄、铲和秧盆、水车、打禾桶、风柜以及加工粮食的各种工具等。除农业展示外，还设置了观众实践区域，让观众体验过去的劳动生活。

广东中山市孙中山故居翠亨村建筑群

孙中山故居纪念馆通过“种田”，扩大了保护和管理的资源，丰富了生存和发展的空间，充实了陈列和展示的范围，突破了一般名人故居、纪念性博物馆传统的旧居复原加辅助陈列的二元模式，改变了展品—展柜—展墙的传统形式，在近10万平方米的范围内，形成了以孙中山故居复原陈列、孙中山生平史迹陈列、孙中山亲属与后裔陈列、翠亨民居展示区、翠亨农业展示区等，以“孙中山及其成长的社会环境”为主题，多位一体、独具特色，兼具历史纪念性和民俗性，立体的、多元化的陈列展示体系。特别是通过农业展示区域，使青少年一代了解农村、了解农民、了解孙中山出生成长的社会历史环境，并实现了博物馆与观众的良性互动。实践证明，观众对这一区域的兴趣、热情与感受，并不亚于纪念馆新建的、数字化、智能化、自动化装备的现代化展馆。

观众喜欢参与互动的体验，期待提供给他们特别意义的展示，而且是愉快的体验。因此，“博物馆必须要有亲和力，必须舒适，应该让人容易融入，可以与展览展品互动。引导观众‘耳听、眼看、手动、心跳’，赋予观众愉快的参观学习经验及更加宽广的想象空间。鼓励观众通过动手触摸、观察、操作，体验探索的乐趣，从而体验人文历史、传统技艺、生活形态、自然现象、科学原理，进而激发其想象与创作的潜力”[①]。

博物馆是一个非强制性的教育机构，个人的兴趣和愿望对于是否进入博物馆至关重要。无论博物馆馆舍多么豪华，文物藏品资源多么丰富，“如果不能激发观众的兴趣，不能挽留观众的脚步和视线，那么一切都将变得没有意义”[②]。只有观众对陈列展览发生兴趣，才可能停下脚步仔细观察，面对文物展品认真思考。博物馆陈列应该以培养审美情趣、陶冶人文情怀为己任。宜人的色彩、柔和的光线、雅致的造型、与展品格调水乳交融的场景，加之展品本身散发出来的艺术气息，共同构成高品位的文化场所。观众置身其中，能够经历一种别有情趣的审美体验。

一个好的博物馆不仅是参观的场所，而更应与观众充分交流，为文化的繁荣作出贡献，它就像一盏明灯，能够照亮人们的内心。位于纽卡斯尔的发现博物馆历史并不长，文物藏品也不算丰富，作为地区的博物馆，能展出的只是反映城市发展的一些生活物品或工

① 黄琛：《漫谈博物馆宣教服务体系建设》，载《中国文化报》，2008-07-04（6）。

② 严建强：《从展示评估出发：专家判断与观众判断的双重实现》，载《中国博物馆》，2008（2），71页。

业产品。在陈列展厅中有些墙面留给了观众，观众可以在上面留下想说的话，留下他们的童年经历甚至是梦想等，非常温馨。而在一些供观众休息的角落，提供一些老市民的采访录音，戴上耳机便可以听他们讲述这个城市的历史。整座博物馆的展览似乎是为每个人所准备的，让人产生一种非常亲切的归属感。

二、实现陈列展览的实效性

陈列展览是一座博物馆最基本的职能之一，也是博物馆最重要的日常工作之一，还是博物馆为观众服务最主要的内容之一。博物馆的陈列展览应以实物展示为主。长期以来，一些博物馆习惯将大量珍贵文物“束之高阁”“秘而不宣”，这种“重藏轻用”的传统观念，不仅浪费了博物馆的资源，也失去了博物馆对观众的吸引力。另外，也有一些博物馆对于文物展品的陈列展示采取多多益善的办法，在有限的展厅空间中摆放太多的文物展品，但是往往达不到预期目的，引不起观众的兴趣，甚至会起到相反的作用，造成视觉疲劳，导致心理烦躁。因此，文物展品数量要适中，目的性要明确。

单位面积文物展品使用量是衡量展览质量的重要指标之一，即平均每 10 平方米的展示空间中的展品数量。李文昌先生对参加“2007—2008”年度全国博物馆十大陈列展览精品评选活动的展览项目进行分析，结果每 10 平方米展厅面积内展品数量为 6 件（含）以上的有 7 项；3（含）至 6 件的有 15 项；1（含）至 3 件的有 32 项；小于 1 件的有 12 项，另有 3 项没有填报藏品数量。从中可以看到，平均每 10 平方米展厅面积仅有不到 3 件展品的陈列展览，占到了 44 项，其中竟有 12 项陈列展览居然平均不到 1 件展品。由此可见，虽然博物馆展厅面积越建越大，陈列展览投入越来越多，但是展品数量却明显不足[①]。

博物馆的陈列展览功能一般由基本陈列和临时展览等组成，具有各自不同的功能和特点。基本陈列是一座博物馆功能定位的集中体现，具有广泛和持久的影响力，因此一座博物馆的文物藏品特色和个性，往往通过基本陈列得到体现，在保障民众文化权益和服务于国民教育方面发挥着不可替代的重要作用。而临时展览是一座博物馆是否具有活力的标志，是满足社会公众不同需求，适时回应社会需要的保证。在博物馆事业发达国家，除了基本陈列、常设陈列外，一般博物馆每年都要举办十几个甚至几十个临时展览，以满足观众的不同需求。

在我国，除了基本陈列展览外，一般博物馆每年平均只举办4～5个展览，大部分中小博物馆举办的临时展览更少，甚至几乎不举办临时展览，同时基本陈列展览的面孔也长期不变。一些博物馆的基本陈列，热衷于珍贵文物的集中展示，而不注重陈列展览主题的提炼与深化，疏于探究文物展品信息的内在联系和传播意义，忽视观众的文化需求和实际效果；一些博物馆的临时展览，不注重联系社会生活实际，对广大民众普遍关心的热点问题缺少呼应和反映。事实上，“紧跟历史步伐，把握时代脉搏，博物馆就不能不关心、不贴近、不反映社会生活中热点问题，焦点问题”[②]。

博物馆展览是文化、知识、信息、审美和思想的传播媒体，又是博物馆履行教育功能的主要形式和手段。博物馆不能忽视社会公众的需求和愿望，应不断推出能丰富民众文化生活的陈列展览，通过宣传使社会公众了解这些陈列展览的信息，并产生兴趣。近年来，

① 李文昌：《从数字看展览》，载《中国文物报》，2009-09-16（3）。
② 马自树：《关于博物馆社会服务问题》，载《中国博物馆》，2006（2），42页。

首都博物馆不仅仅停留在对古代文物的重视上，开始记录北京城市发展进程，在北京工业遗产调查、北京声音调查与展示、北京地区非物质文化遗产保护与展示等方面，发挥着一座城市博物馆应有的作用。由此进一步丰富了陈列展览手法和形式，以现代时尚元素诠释神秘而悠远的古代文明，令人产生耳目一新的感觉。

要使更多的观众走进博物馆，实现博物馆服务社会的最大价值，就必须提供具有吸引力的精品陈列展览，并且要不断更新展览内容，使陈列展览更加贴近民众现实生活，让更多不同生活背景的观众能够接受陈列展览、喜欢陈列展览。要发挥省级以上大型博物馆和国家一级博物馆的龙头作用，整合现有文物藏品、陈列展览、技术力量、人才资源等，加强馆际交流与协作，设立陈列展览专项经费，支持各地博物馆特别是中小型博物馆的陈列展览和服务水平提升，推动博物馆资源共享，发挥群体优势和整体效益，提高陈列展览的更新频率，通过多样化的博物馆活动，吸引观众经常走进博物馆。

博物馆陈列展览应该以最易于接受和理解的形象化手法，启迪不同年龄、不同文化修养、不同职业的人们的思维，激发他们的探索精神和创造灵感。美国纽约自然历史博物馆重视馆藏文物的教育实效性。自 1978 年美国阿尔文号载人潜艇在东太平洋中脊发现海底黑烟囱后，该项研究成为当时全球海洋地质调查最重要的科学成就。为了取得更加详细的资料，进行更加深入的研究，该馆于 1997 年和 1998 年成立了两个远洋科考队，对海底黑烟囱进行全面研究，同时采集了 4 个重达几吨的海底黑烟囱，于 1999 年对外展出了 3 个海底黑烟囱，并配合海底拍摄的声像影视片全面展示出深海环境。该展览及时满足了社会公众对海底黑烟囱的了解需求，教育传播效果明显[①]。

多项研究报告指出，一些结合社会热点话题或突发事件的临时展览，往往比固定陈列更具吸引力。这种现象符合公众的求知心理，人们总是会对新的事物更具好奇心，更希望亲临其境探求真相，而时间会让这种心理慢慢减弱。因此，博物馆要有效发挥功能、承担社会责任，必须在注重本馆藏品性质和特色的基础上，发挥博物馆的社会化职能，适应和满足社会需求和环境需要，提高博物馆教育的实效性。近年来，营口博物馆每举办一个临时展览，都对宣传进行精心筹划，做好展前铺垫、展中介绍和展后跟踪，并根据展览的内容和观众群体，选择适宜的宣传媒介。

每一座博物馆均应深入发掘文物展品的文化内涵，将其置于社会文化生态之中、历史背景环境之中。由于基本陈列更新周期较长，博物馆增强吸引力的一个主要手段是加强馆际交流，引进临时展览。博物馆之间也可以通力合作，调集各馆的文物藏品共同举办具有社会影响力的专题展览。例如美国的一些现代艺术博物馆收藏有某一画家不同时期的代表画作，它们经常联手将该画家分散于不同博物馆的藏品，通过合作展览的方式组织起来集中展示，并在这些博物馆间轮流展览，使观众对这一画家的作品和艺术风格有深入全面的了解[②]。

“台北故宫博物院”经常维持有3000件以上的文物藏品展出，并定期或不定期地举办各种特展。馆内的展品每3个月更换1次，除保护文物是其主要考量因素以外，让台北市民“常看常新”也是原因之一。“台北故宫博物院”还提出“分龄分众”的理念，针对不

① 续颜：《21世纪博物馆藏品与社会责任》，载《携手2010：宁波国际博物馆高峰论坛》，49页。
② 邓健：《论博物馆如何通过陈列展览吸引观众》，载《东南文化》，2010（1），100页。

同的观众设计不同的活动。例如针对高层次的观众，该院推出“故宫新韵”活动，即以院藏文物为核心，结合与文物相关的传统戏曲，通过生动的戏曲表演，以加深观众对故宫文物的印象并培养传统戏曲观众。例如结合院藏《民国溥儒西游记册》，推出了京剧《闹天宫》《盘丝洞》《芭蕉扇》等，配合院藏《明皇幸蜀图》，推出昆曲表演《长生殿》，并将这些演出场地都安排在文化品位高雅的博物院文化会堂[①]。

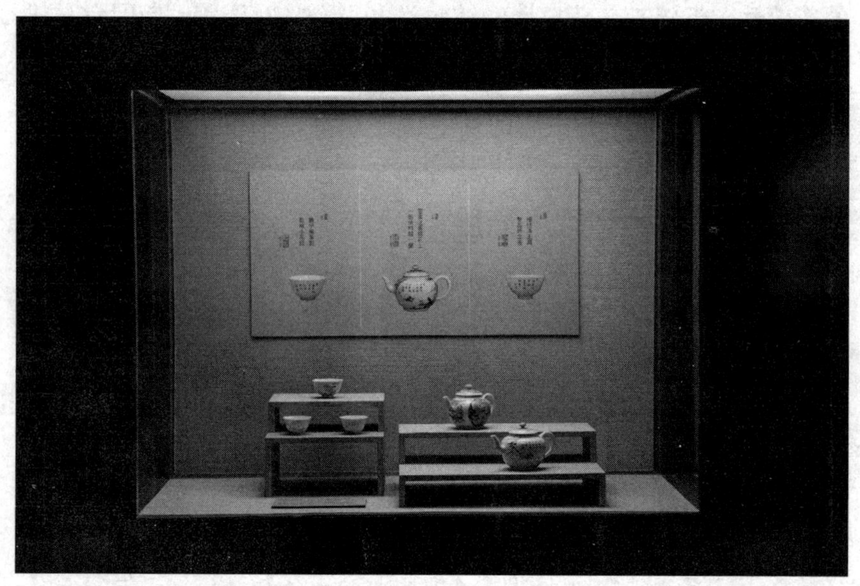

“台北故宫博物院”珐琅彩瓷器展厅

博物馆陈列展览的内容就是人类生活本身，是人类自身的文化创造。博物馆陈列展览中的每一件文物展品都与人类生活息息相关，因此，无论是反映物质生活还是精神世界的文物展品，都是人类历史的见证。苏东海先生曾回顾中华人民共和国成立初期我国博物馆在陈列展览方面的反复变化，“我们 1959 年建新馆、建基本陈列时，

① 何颖：《台湾的博物馆教育与公众服务工作》，载《工作探索》，45 页。

虽然一度强调‘文物说话’，但很快又强调反对‘文物挂帅’，接着又强调‘一条红线’。所谓‘一条红线’，无非是思想挂帅。我们在1959年至1961年的基本陈列探索中，从强调‘文物说话’到反对‘文物挂帅’又到‘思想挂帅’，经历了这个反复，不是更博物馆化了，而是更教科书化了”[①]。

如今，博物馆通过在社会生活中的角色，树立博物馆的文化形象，从而产生深远的文化影响力，对一个国家、民族起到重要的作用。这是博物馆所要承担的责任，也是更具难度也更为艰辛的事业。首都博物馆推出的“中国记忆——5000年文明瑰宝展”正值2008年奥运会这一重大国际盛事举办期间。展览汇集了全国各博物馆所保藏的各个历史时期最重要、最具代表性的文物，使中外参观者看到了一生中难得一见的中国瑰宝。中华文化的精彩瞬间凝结于一件件文物本体，通过展览沉淀到人们的记忆深处。外国观众通过展览可以领略到中华文明的悠久灿烂，国内观众通过展览可以认识本国文化的内在价值，增强民族文化的认同感和自信心。

博物馆作用于社会和服务于民众主要通过陈列展览活动来实现。当前博物馆应结合时代精神和社会发展的要求，充分发挥博物馆藏品的资源优势，不断推出主题明确、内容新颖的临时展览，还可以通过博物馆系统的联展、借展、互展等方式引进更多的临时展览，以最大限度地丰富博物馆的展示内容，多层次、多侧面地满足社会公众日益增长的精神文化需求。近年来，一些博物馆在举办临时展览方面，突出特色，形成系列。例如秦始皇兵马俑博物馆举办“秦文化系列”“帝王及帝王陵墓文化系列”“重大发现及重要中外

① 苏东海：《什么是博物馆——与业内人员谈博物馆》，载《中国博物馆馆刊》，2011（1），140页。

文化交流系列”等主题临时展览；上海博物馆举办“古代人类文明系列展”，“边远省份和文物大省文物精品展”等系列临时展览。为迎接2008年奥运会，全国博物馆系统协作举办了“奇迹天工——中国古代发明创造文物展”“世界瑰宝——中华人民共和国外交礼品展”“中国记忆——中国古代文明瑰宝展”“长江文明展”等。

“奇迹天工——中国古代发明创造文物展”开幕式

众多博物馆的展览大多以历史文物、艺术品为主，所展示的实物年代跨度大，或为文物重器、或为名家之作，距离人们的实际生活相距甚远，因此人们往往靠解读文字了解展品的来龙去脉，想象当时的历史面貌。但是，文物展品与观众之间缺少足够的交流，因此观众往往仅会用一种崇敬而好奇的眼光看待这些稀世之宝①。湖南省博物馆深知以社会需求为导向，才能发挥最大的活力，因此在管理和运营中，根据社会和观众的需求设置各种展览，举办各种活

① 黄琛：《漫谈博物馆宣教服务体系建设》，载《中国文化报》，2008-07-04（6）。

动，即从对文物藏品本身的重视，转向对观众的重视，提出不但要让观众满意并且要让观众愉悦，将服务观众摆在首位。通过分析、了解观众的需求，进行社会分析，确定目标观众。所举办的每一个临时展览都会针对不同的目标人群，制定详细的宣传方案，充分利用媒体的力量，取得了很好的成效。

由于博物馆的临时展览小型多样，经常更换，文物展品选择余地较大，因此成为博物馆基本陈列之外十分重要的业务活动。但是，一些博物馆往往认为临时展览展期较短，而不重视质量展览。但是对于观众来说，并没有固定陈列和临时展览之分，对他们而言，博物馆的每一个陈列展览都代表着博物馆的专业水平，代表着博物馆的社会形象，具有同等重要的意义。因此，博物馆应该从观众的角度出发，强化临时展览的精品意识，做好每一个临时展览。2007年，浙江省博物馆从意大利引进“庞贝默认——源自火山喷发的故事”大型考古文物展，在87天的展期内，有近21万观众冒着酷暑排队争相观看展览；同时，配合展览推出了“庞贝城的最后一天”专家讲座，组织了“庞贝记忆——2007青少年暑期走进庞贝有奖系列活动”，以及浓情小说博客大赛等与观众紧密互动的系列活动，使该展览成为具有一定影响力的城市文化事件[①]。

今天，对于一些大型博物馆，临时展览的“大手笔”“大制作”“高投入”屡见不鲜。但是，精品展览不一定只有通过大制作与高投入才可以实现，同样可以出现在小规模与低成本的陈列展览中，而且应该成为当前博物馆临时展览的主流。这种精品展览体现在陈列内容的选择，严谨精心的制作，体现科普化和大众化特点。与固定陈列展览相比，临时展览的内容更加丰富多彩，形式更加灵活多

① 陈浩：《浙江省博物馆免费开放启示录》，载《中国文物报》，2008-03-28（6）。

样，也更加具有时效性的优势，为博物馆的社会教育提供了更为广阔的平台。四川汶川大地震后，建川博物馆在较短的时间内，创建了地震博物馆，用于记录2008年5月12日至6月12日的地震灾区实况，对社会公众免费开放后，每天接待7000多观众。陈列展示大量来自地震中遇难者的遗物，参观者无不动容，博物馆墙上贴满观众留言，其震撼效果为此前任何文字宣传效果所不能及。

由于某些原因，目前许多博物馆只注重于体现人类历史的展览，而忽视甚至排斥体现现代文明的展览，这就从一定程度上限制了博物馆功能的发挥[①]。 在中华人民共和国成立60年大庆之际，首都博物馆推出“城市记忆——百姓之家”专题展览，以北京城市生活为背景，展现60年来社会生活的变化。“城市记忆——百姓之家”是反映普通民众生活的展览，以艺术的角度和手法来提炼、升华生活中的平实，让相似的经历来勾起深藏在心底的记忆。这些看似平淡无奇，伴随百姓生活几年、十几年、甚至几十年的老物件，存留着美好而难忘的生活记忆，真正让观众感受到家的温暖与变化。“城市记忆——百姓之家”带给社会公众的启示还在于，通过博物馆保护文化记忆，而留住精神家园的行动从珍惜、收藏这些老物件开始[②]。

“城市记忆——百姓之家”专题展览的“我家叙说”部分，以60—70年代、80—90年代、当代三个阶段为背景，恢复不同时段的生活场景，以“家”的变化来叙说城市生活方式的不断改善。“家”里的每一房间陈设都是人们曾经熟悉的，那木桌长凳所在的地方曾经既是餐厅又是书房；洗衣盆里还留着未洗完的衣物；纸筐内装着

① 莫意达：《打造城市之心 走向大千世界》，载《中国文物报》，2010-08-25（7）。
② 穆红丽：《让城市不要失去记忆》，载《中国文物报》，2009-09-23（12）。

补过袜子的针线和纳过鞋子的工具；写字台上红白两键的台灯又伴随过多少人考大学的梦想。“岁月留痕”部分，用近百件生活用品，讲述不同时代北京人家庭生活环境的改善和提高。这些为人们熟悉的小人书、和面盆、台灯、录音机、收音机、黑白电视机等，让观众在引起共鸣的同时，也同样重构起自己过去的生活片段。

深圳博物馆是我国首个以改革开放历史作为核心内容的博物馆，在全面反映深圳的古代、近代、当代历史及民俗风情的同时，重点展示深圳改革开放的历史、特区建设的成就与国际大都市的风貌。展览用大量的实物和图片证明，这一成就主要靠数百万深圳移民共同努力取得。20 世纪 80 年代中期以后，深圳重点发展外向型经济，数百万打工者从祖国的四面八方来到深圳特区，用他们的肩膀扛起了深圳建设的半边天，展览展出了他们的学习和生活用品，各种书籍、家信、日记、工资条、皮箱、板凳，每一件展品都记录着打工者经历的真情实感和五彩生活，更传达出他们在艰苦的劳动环境中对美好生活的追求，这些珍贵的实物无不见证数百万打工者对深圳建设做出的贡献。这个展览展出后，引起了很大的轰动，许多当年的建设者携家带口前来参观，展览不仅给了他们温馨的回忆，也增加了他们做为城市主人翁的自豪感①。

《国际博物馆协会职业道德准则》强调，“博物馆应尽力确保陈列展出的物品真实客观，不应永远保持神秘化或墨守成规”。文物展品选择的依据是陈列展览主题，那些与陈列展览主题密切相关，能够很好实现传播目的，具有良好表达能力的文物藏品，应该优先被选择进入展厅，转化为文物展品。但是，陈列展览的成功，不完全体现于展品数量的多少和文物等级的高低，关键是要展示出文物展

① 姜蕾：《创建数百万移民共同的精神家园》，载《中国文化报》，2010-06-30（7）。

品蕴藏的文化内涵、外延和文化渊源，揭示出它们之间内在联系所形成的文化体系，“在鉴选文物时要注意到文物种类的多样性和文物的客观性。文物是展览的灵魂，只有文物吸引人，展览才能吸引人”[①]，这是不容忽视的重要因素。

成功经验表明，对于市县博物馆来说，只有紧紧抓住地域特色，体现地域文化个性，强化博物馆展览地域文化特色的理念，才是当前陈列展览发展的正确思路。地域文化特色集中反映一个地区文化与自然遗产的特质，也是当地自古至今人文精神的集中反映，蕴含深刻文化意义，带有浓厚个性色彩，是一个地区区别于其他地区的显著标志。地域文化特色是当地独有的文化资源，博物馆的陈列展览唯有把握地域文化特色，发挥自身文化特点，才能使博物馆在文物藏品数量和质量方面优势突出，变得强大而有意义，在共性之中呈现出鲜明的个性，从历史和社会文化的角度，丰富和深化陈列展览的内涵，方能在众多博物馆中脱颖而出。

① 苏东海:《什么是博物馆——与业内人员谈博物馆》，载《中国博物馆馆刊》，2011(1)，140页。

在故宫博物院陈列展览设计方案讨论会上的发言

（2013 年 12 月 31 日）

今天是 2013 年的最后一天，在忙碌了一年之后，本来可以喘口气了，但是，大家仍然聚精会神地展开讨论，论证明年启动的一些重要陈列展览设计方案。体现出把“一年之计在于春”改为了“一年之计在于冬”的超前意识和工作精神。

一是关于雁翅楼展厅设计方案。2004 年 4 月，午门改造成为具有世界先进水平的现代化展厅，随后于 2005 年获得联合国教科文组织授予的“文化历史遗产创新保护大奖”“全国十大建设科技成就”等多项大奖，成为古代建筑保护利用的典范。午门展厅自启用以来，成功举办了“明代永乐宣德时期文物精品展”和“兰亭特展”等深具影响的故宫年度大展，并与大英博物馆、卢浮宫艺术博物馆等世界著名博物馆合作举办了一系列重要展览。午门展厅的现代化水平及多功能性，通过这些陈列展览得到了充分的体现，全面提升了故宫博物院的陈列展览层次。同时，这一高水平现代化展厅的建成使用，增进了故宫博物院与世界博物馆界的联系，也为中国观众提供了了解世界多元文化的机会。

虽然午门展厅已经使用多年，成功举办过不少来自世界各地具有影响的展览，发挥了重要的作用。但是午门门楼只是一座面阔 9 间，进深 5 间的古建筑，面积仅 800 平方米，因此难以举办大型展览，虽然不少世界著名博物馆有到故宫博物院举办大型展览的强烈意愿，但是一些重要展览终因展厅面积不足而无法实现，确实令人遗憾。而午门两侧的雁翅楼，东西各有南北排列的廊庑 13 间，每一侧各 1000 平方米的建筑面积，加在一起就是 2800 平方米。午门展厅和东西雁翅楼展厅是一个整体，构成十分独特的展览空间，在世界博物馆展览空间中独一无二，可以使人们对于故宫博物院留下更加深刻的印象。未来的午门—雁翅楼展厅，不但在故宫博物院是规模最大的展厅，而且在博物馆领域也属于大型展厅。不久前我接待了芝加哥艺术博物馆的馆长，该馆是美国最大的博物馆之一。我曾问他芝加哥艺术博物馆最大展厅的规模，他说是 2000 平方米，午门—雁翅楼展厅的建筑面积可以达到 2800 平方米。当然统计口径不一样难以比较，但是如此大规模的展厅对于故宫博物院来说的确十分难得。

故宫博物院午门展厅

实际上，午门—雁翅楼展厅更重要的不是规模，而是地位和特色。午门位于古都北京 7.8 公里长无与伦比的壮美城市中轴线上，不但体量最大最高，而且位置突出。午门既是昔日紫禁城的正门，又是今日故宫博物院的正门，极具时代象征意义。午门—雁翅楼位于“凹”字形城墙之上，三面环抱，五峰突起，正南向阳，位当子午，这就是午门—雁翅楼展厅的地位。午门—雁翅楼展厅犹如“地上的天宫”般位于上方，外观完全保持中国官式古建筑最高形制的原有风貌，内部则是现代展览空间，这就是午门—雁翅楼展厅的特色。因此，陈列展览设计方案要充分考虑午门—雁翅楼的历史地位和文化特色。午门—雁翅楼展厅应突出独特性、唯一性，体现出民族传统、故宫特色、时代精神。使观众进入故宫博物院后，立即被精彩的陈列展览所吸引，感觉博物馆文化气息扑面而来。观众登上午门—雁翅楼以后，感受到这里是世界上独一无二的博物馆展厅，极具文化魅力。午门—雁翅楼展厅的建成，必然进一步加强故宫博物院与世界博物馆界的交流与沟通，使之成为故宫博物院与世界博物馆界交流与合作的重要平台。

针对午门—雁翅楼的设计方案，首先需要明确一个重要原则，即午门—雁翅楼是临时展厅，而不是基本陈列展厅。作为临时展厅，需要通用性的展示空间。要格外强调展厅的安全性、通用性、耐用性，以及更换陈列展览的便捷性。在安全性方面，午门—雁翅楼展厅应该不但能够展示故宫博物院的各类珍贵展品，而且能够接待来自世界各地著名博物馆的任何级别的重要展品，展厅的安防设施和温度、湿度、光照度等环境质量应该能够满足这些重要展品的特殊要求，展厅环境要达到当前世界先进水平。

在通用性方面，午门—雁翅楼展厅应该不但能够陈列一般体量的展品，而且能够为特殊体量和造型的古今中外展品创造良好的展示条件，适于创造各种文化氛围的展览，最大限度适应各类展览需要，因此无论是展柜还是展具都应该具有广泛的适用能力。对于参展博物馆所提出的各项要求，例如展柜内微环境控制、柜内照明、隔震装置、柜内报警装置、展柜锁具等方面的需求应能够予以满足。为便于不同展览的不同展柜摆放形式的变化，需要合理预留电源接口，以方便取电使用，其中地板表面安装地插座，既要具备安全保护功能，又要尽量与地板表面齐平，连接牢固。

在耐用性方面，午门—雁翅楼展厅建成使用以后，必然进入较为频繁的展览过程，也会接待数量众多的观众，因此无论是地面墙面，还是服务设施，均应坚固实用。例如根据以往使用情况，展厅地板要具有抗塌陷、抗扭曲、抗变形以及通风等功能。在更换陈列展览的便捷性方面，作为具有知名度的临时展厅，不可避免需要经常更换展览，而且根据展览协议往往更换展览需要在短期内完成，因此无论是展柜搬运空间，还是展品搬运条件，都应该满足需要。

午门—雁翅楼展厅不但是故宫博物院面积最大的展览设施，而且应该是故宫博物院规格最高的展览设施。为了使午门—雁翅楼展厅的设计方案更加具有针对性，建议对午门展厅使用数年来的情况进行回顾性总结，包括午门展厅接待国内外临时展览所取得的经验，曾经遇到对方提出的那些难以解决的问题，以便在此次设计方案中加以完善。特别是对在实际应用中证明不合理的部分及时加以纠正，例如西穿堂门以东，通往午门展厅的玻璃台阶、玻璃桥已使用多年，整体风格与午门古建筑不谐调，承重较小、桥面光滑，不利于文物运输及观众的安全参观，应予以改造。在创造一流博物馆展厅环境方面，午门—雁翅楼展厅存在挑战，例如由于展厅位置较高，需要对于风的影响进行测算，对于避风阁的形式进行评估。还需要加强展厅的封闭性，维护展厅环境清洁度。对于大型临时展厅，还需要设置一些必要的设施。东、西雁翅楼建筑群由雁翅楼和崇楼组成。其中雁翅楼建设为展示场所，而四座崇楼为展览附属设施的安排提供了条件，例如东南和西南两座崇楼可以用于空调设施、员工休息室之用。西北崇楼可以作为开幕式、新闻发布会、来宾休息等用途的多功能厅。东北崇楼一部分可以作为库房，用于存放展具、文物运输箱之用，另一部分作为独立监控室，负责午门—雁翅楼区域的安防监控。

午门—雁翅楼展厅设计方案的制定，还要以保护古建筑为前提，展厅外观应以不改变文物原状为原则，维护午门—雁翅楼的壮美风貌，对于展厅内部也要保持文物建筑特色，例如吊顶、地面、柱子、窗户等古建筑部分通过保护性利用，可以呈现出故宫博物院展厅的独有魅力，例如午门展厅中对于古建筑柱子的下方处理方式，得到普遍认可。同时，各类附加的展览、安保、服务等设施设备，要尽量减少对古建筑群的影响，例如安防设施、供配电设施、空调设施、无障碍设施、夜景照明、避风阁等，应充分考虑与古建筑的关系，不应与古建筑发生硬性接触，而尽量采取柔性连接。在古建筑安全方面，还要进行午门和东西雁翅楼的荷载研究和最大观众流量研究，要考虑各类设备设施的重量问题，以及运行过程中的振动问题。在观众安全方面，午门—雁翅楼展厅需要按照人员密集场所进行设计，对于紧急疏散、应急出口、临时通道等进行合理安排。未来午门—雁翅楼整体开放以后，需要启用东马道，使东、西马道成为观众出入口。

午门—雁翅楼展厅竣工后，与西侧武英殿书画馆、东侧文华殿陶瓷馆相呼应，将形成故宫博物院展示面积最大、功能最完善、展览最丰富、规格最高的现代化展区。同时，午门—雁翅楼展厅与东华门古建筑馆的开放应该统筹考虑，涉及内容还包括午门至东华门一段城墙的开放、东南角楼的开放展示，以及城墙下方环境的改善等，需要进行统一规划设计。

二是关于珍宝馆展览深化设计方案。珍宝馆是故宫博物院内观众喜爱的重要展览，特别由于观众需要二次买票进入，对于展览水平要求更高。由于一段时间以来珍宝馆展览没有进行更新，展览内容与观众要求存在差距。因此，对于此次展览深化设计充满期待。实际上，宁寿门内以皇极殿为中心的展区和养性门内以乐寿堂为中心的展区，反映出不同的主题和氛围。前者以展示文物展品为主，建筑环境为辅，后者以室内建筑陈设为主，展示文物展品为辅。养性殿、乐寿堂区域是充满故事的地方，应尽可能体现建筑自身的文化内涵。

宁寿宫区皇极殿

就故宫博物院的文物藏品来说，完全能够满足观众的参观需要，关键是我们如何在观众需要与文物展品安全展示之间智慧地找到结合点。在珍宝馆展览深化设计中，应加强展品与观众之间的信息传递，通过展品说明、辅助照片等，揭示每一件展品的文化意义，在材质、工艺方面的特色，以及展品背后的故事。当然，展厅内所有添加的内容都要具有意义，不能“画蛇添足”。同时，建议珍宝馆的陈列展览，也向武英殿书画馆一样，在展览一定周期之后，定期更换部分展品。特别是对于一些有机质展品来说，既不可缺少，又因质地脆弱而不适宜长期展示。实施部分展品更换，既有利于珍贵文物“累了”以后的定期休息，也让每一期都有令人期待的几件“明星”展品，使观众常看常新。特别是从明年开始，实现在淡季每周一闭馆一天，为文物展品的调整创造了有利条件。

今后，每一项展览都应该明确策展团队、明确主要策展人，充分发挥团队的作用，策展团队内应有多部门参与，包括内容设计、形式设计、宣传教育部门的共同努力，不是先后介入，而是同时策划。当然，在故宫博物院还要加入保卫、开放等部门的提前介入。同时，展览策划还可以吸收具有先进理念和实践经验的外部团队加入，并应该扩大观众对于故宫博物院陈列展览的知情权和参与权。建议从明年开始对社会公众开展观众调查，听取观众关于未来的午门—雁翅楼展厅、珍宝馆展厅等展览设计的建议，请专家学者、观众代表、媒体记者、志愿者等参加，公开征集意见。

略谈博物馆陈列展览的知识性与通俗性[①]

（2014 年 1 月）

当前，博物馆陈列展览处在从传统工作模式向信息化与个性化、学习型与服务型的模式转换过程中。要尊重陈列展览工作的客观规律，关注陈列展览的社会效益，根据陈列展览内容和观众接受程度，选择适宜的知识表达方式和信息传播设施，为广大观众奉献丰富多样的优秀陈列展览。同时，文物展品是陈列展览中的主角，要拉近文物展品与观众之间的距离，在情感上、艺术上、文化上触动观众的心灵，实现博物馆陈列展览知识性与通俗性的和谐统一[①]。

一、实现陈列展览的知识性

当代博物馆的展品包括两个方面，即实物展品与非实物展品。前者是指博物馆收藏的自然界与人类社会中各种历史的与现实的物品，包括化石、标本和人工制品。它们由于蕴含着反映自然生活和人类生活的信息，而成为博物馆的收藏品。它们是人类活动及人类与自然关系的见证物，是人们理解自然生活与人类生活最重要的信息载体，在博物馆展览中扮演着叙述自然及人类生活故事的主角；非实物展品是指为了更完整、更系统、更形象、更深入地展现由实

① 此文发表于《从“数量增长”走向“质量提升”——关于广义博物馆的思考》，天津大学出版社，2014 年 1 月。

物展品所叙述的故事而专门制作的展品，包括各种造型物、情景再现和信息传达装置等，在博物馆学中通常被称为辅助展品。这个由实物展品与非实物展品共同构筑的空间形态就是博物馆教育的知识载体，是博物馆认知发生的源泉[①]。

丰富的文化信息是一个成功展览的必要条件。马承源先生说过："没有教育，博物馆应改名为文物保管所或文物研究所。"博物馆在组织主题活动，选择教育形式等工作时，都必须建立在观众所需的基础上，必须符合时代的发展和要求。早期的博物馆社会教育系列活动，多为展厅讲解或深入学校、部队、机关等特定的社会团体，以实物、图片、文字资料的方式举办展览、宣传讲解。这样的活动形式比较死板，缺乏针对性，不仅在服务对象的范围上有一定的局限，也难以收到预期的社会效果。例如对于青少年观众，首先要了解他们的心理感受、审美情趣和认知特点，然后有针对性地为他们开辟专属空间，开展适宜青少年的专题活动。

20 世纪 80 年代后期，中国农业博物馆曾开展家庭育林活动。活动的材料由加拿大方面提供，每份包括一个有再生纸制成的可折叠纸盒。一包营养土，几粒林木种子，一张记录表。活动对象主要是小学团体观众。活动先由博物馆组织观众参观有关森林的展示后，分发材料，每人或每几个人一份，由专家讲授怎样在家中育苗。然后，学生回家按专家讲授的要点及纸盒上的提示，将纸盒撑开，装上营养土，洒上一定量的水后，在土里埋好种子。在春天温暖的日子里，大约经过一周时间，种子萌发长叶，再过几天，长出几片叶子，就成为一棵树木的幼苗。整个期间，学生在记录表上认真填写，学校老师随时了解、检查，并和博物馆联系。经过若干时日后，学

① 严建强：《论博物馆的传播与学习》，载《东南文化》，2009（6），100 页。

生们带着自己的“家庭作业”再次集中到博物馆，经过检查、评比，所有合格的小苗，连盒集中移植到博物馆一块预置的土地里，这里就是该学校班级的林木苗圃，学生们可以随时前来观察和参与照顾。

中国农业博物馆重新开放仪式

河南博物院每年推出的“青少年系列暑假活动”，主要针对 8 ~ 12 岁的青少年，通过专业人员的培训辅导，在掌握一定历史和文物知识的基础上，独立编写一件文物的讲解词，并用自己的方式加以介绍，从而间接培养了孩子们的自主性、创造力和与人沟通的能力。其他的适时短期形式，例如结合临时展览，举办征文比赛、绘画评选或专门为孩子们设置工作室，模拟考古或文物修复的现场等，通过一系列的灵活形式，为青少年创造动手参与和实践的机会，让孩子们在娱乐中学到知识。这类主题鲜明、内容多样的活动，适合青少年天性活泼、好奇、体验、求知等特点，深得孩子们和家长的喜爱。

对于博物馆来说，如何用非专业人士能听明白的方式进行传播，使他们兴味盎然地参观展览，并获得对该领域的理解最为关键。“只有那些能将专业知识用非专业的方式进行成功阐释的博物馆，才有可能获得传播上的成功”[①]。对文物展品的研究，不仅重视对物品性状的研究，更要重视对人的研究。人是文化创造、享用、保管、传承、发展的主体，文物是人们生活状态的反映，文物展品所蕴含的人文精神，应是研究的重点。从展览教育方式上看，传统的博物馆以文物展品陈列为主。而现代博物馆注重启发式教育，提倡和吸引观众参与互动体验，力图使观众从被动的受教育者的地位，变为主动的知识的探索者，使到博物馆的观众，都可以根据自己的需要和爱好，在知识的海洋中自由地、主动地摄取知识营养。这一深刻变革使得博物馆发生了质的变化[②]。

从某种意义上讲，博物馆是各学科、各行业与外部世界沟通与交往的窗口，肩负着让社会了解本学科、本行业的责任。对于绝大多数观众而言，他们进入博物馆意味着他们进入到一个新的领域。湖北省博物馆的“郧县人”陈列展览，没有停留在仅仅将“郧县人”介绍给观众，而是在展览的序幕中，建立了一个人类发展的坐标体系，将世界各地发现的古人类化石标注在坐标体系之中，直观地展示“郧县人”在人类发展历程中的位置。湖北省博物馆的文字馆在展示中国书写文字发展历程时，对比陈列和诠释同时期古埃及、古希腊、古巴比伦、古印度等国外文明的文字、书写载体等各种实物资料，做到了陈列信息与世界文明的衔接，引起广大观众特别是青少年观众的极大兴趣。

《关于博物馆向公众开放最有效方法的建议》指出“博物馆应

① 严建强：《论博物馆的传播与学习》，载《东南文化》，2009（6），100 页。
② 《湖北省博物馆免费开放经验的调研报告》，载《博物馆免费开放调研报告汇编》，2009（6），13 页。

通过清晰的陈列形式、系统地布置简介说明或标签、出版观众所需之此类说明的导游书或手册、组织适合各类观众听讲的定期导游参观等，使藏品易于为各类人所欣赏”。2010 年 10 月，笔者考察了埃及国家大博物馆的文物修复实验室和开架库房。埃及国家大博物馆根据文物藏品性质设置了 8 个文物保护修复实验室，包括：石质物品、木质物品、陶瓷、纸草、织物、皮革、金属、玻璃以及有机物的修复实验室。这些实验室与开架库房一起，使人们可以看到博物馆的“幕后工作”，激发观众对博物馆工作的热情，更多参与博物馆的活动，并提高观众的满意度。

深圳博物馆的陈列展览中，将中华人民共和国第一张股票、深圳第一家“三来一补”企业合同、土地拍卖“第一锤”、股票市场开市钟、深圳首批无偿献血者登记卡、邓小平在视察深圳时乘坐过的汽车，以及早年投入特区建设的基建工程兵集体转业名册等作为珍贵文物展品，与观众见面。陕西历史博物馆购置了一批自动语音导览器，内有中文、中文学生版、英文、日文、韩文和法文等不同版本和语种的内容，中文版请全国著名的播音员，外语请各国本土播音员录音，听讲效果很好。同时还购置了团队讲解器，凡是听讲解的观众每人佩带一台接收器，讲解员用平时说话的音量即可进行团队讲解，为营造无声博物馆做出了有益尝试。

实践证明，陈列展览选题的研究与确定，是博物馆实现社会教育功能的基本前提。作为社会公益事业，博物馆在陈列展览选题上应注意根据时代需要、社会热点等多方面开拓选题，为社会和社会发展服务。2006 年 4 月，南水北调文物保护工程全面展开，其中中线总干渠河北段长 463 公里，途经河北邯郸、邢台、石家庄、保定 25 个县市，所经区域为太行山前古文化埋藏的核心地带，文化遗存十分丰富。至2010年9月完成全部田野考古发掘工作，33家考古科研机构共同参加的这场文物保护大会战，共完成97处考古发掘工作，发掘面积27余万平方米，出土文物2万余件（套），发掘出土了一批文化内涵丰富、文物价值较高的重要文化遗存。一段时间以来，了解南水北调文物保护成果成为社会公众的文化需求。

为此，2011年3月，河北省博物馆举办“河北省南水北调工程文物保护成果展”，通过500件文物、200余幅图片，全面展示河北省南水北调工程文物保护工作的丰硕成果，所有出土文物均为最新考古发掘成果，所有图片均为首次公开展出，引起社会较大反响，观众络绎不绝。此次展览主题明确，不仅是出土文物展，也不仅是考古资料展，而是既反映出考古和文物保护工作的严谨与艰辛，又反映出考古发掘成果的丰硕与多样，因此，陈列展览淡化学术性，强化观众感兴趣的考古知识和出土文物，增强吸引力，使整个展览简洁大气，重点突出又富于变化[①]。

随着国家考古新成果的不断涌现，一些遗址博物馆内的陈列展示也将以“动态”代替“静态”，以“进行时”代替“过去时”，使古老文明对话当代科技，在实体与虚拟的对接中，传统与传播共同推进博物馆社会化的进程。四川成都金沙遗址博物馆，在考古遗址的探方内相应放置了多幅图片介绍发掘场景，并在主要文物出土地点播放电视短片，由考古学家介绍发掘时的场景。由于新技术的引进，满足了观众参与互动的心理，也使那些曾经让人觉得晦涩难懂的历史知识和厚重沉闷的陈列展示环节，变得生动、有趣、亲切、丰富，更容易被人们接受和记忆，将文物展品体现的“历史”转换成某种可以“体验”的内容，成为与参观者沟通交流的结合点。

① 张红霞：《河北南水北调文物保护成果展特色谈》，载《中国文物报》，2011-09-07（8）。

四川（2009 年 8 月 21 日）成都市金沙遗址

考古遗址博物馆以考古发掘文物展示为特色，专业性很强，更需要做好普及知识的工作。巴登—符腾堡州考古博物馆为了培养儿童从小就喜欢追溯历史，探究奥秘的兴趣，将考古发掘现场做成模型，用各种卡通人物在现场进行发掘工作。这种展示方式故事性强，表现力强，将深奥的考古学成果转换为新的表现形式，找到严谨的考古专业和儿童兴趣的结合点[①]。 随着人们在博物馆中由被动的受教育者转变为主动的参与者，博物馆的“寓教于乐”理念渐渐深入人心，参观博物馆的过程成为令人身心愉悦的艺术与知识体验，也丰富了博物馆的活动内容，增加了博物馆的吸引力。

“今天的观众，获取知识、信息的方式已和过去不同，他们再也不会耐心地去阅读所谓系统的、干巴巴的知识传授了。他们喜欢

① 黄鲁闽、陈同乐：《视觉“全天候”》，载《东南文化》，2009（S），176 页。

听故事，希望从情节中去获得知识和信息。因此，展览首先要让观众耳目愉快，要感染观众，在观众爱看之后再把知识、信息传达给他们”[①]。设在澳大利亚维多利亚博物馆中心位置的森林展馆，除了有大量典型地展示维多利亚地区树木状况的树种，还有各种各类的活鸟在其中自由飞行，也有蛇等其他动物，有趣的展示手段和恰当的人文故事，成为连接观众与科学之间的桥梁[②]。

英国国家海滨博物馆的陈列展览，不仅仅停留在简单的展品摆放与文字说明，而是通过种种科技手段让历史重现，将300多年前工业革命时期威尔士人的生活，动态地展现在参观者眼前。博物馆内有100多件视听展品，其中36件可以与观众进行互动。在博物馆的人文展厅中，有斯旺西的电子街道图，点击一条街道，屏幕就会将观众引向该街道上现存的传统老屋。随着踏在石板地上的马蹄声和嘶鸣声，镜头在这座老屋前停下，随后会带观众踏上阶梯进入房屋，屏幕上也显示出工业革命时期房屋的主人、仆人以及他们的具体工作、健康状况。如果需要进一步了解主人去世后的住户情况，可以继续点击。在风景展厅中，参观者可以通过点击屏幕上的地图，了解该地段当时街道的情景和污染状况[③]。

鉴于以往一些博物馆陈列展览的经验教训，不能用学术性取代知识性，用专业性代替普及性，造成博物馆门庭冷落。必须明确，博物馆陈列展览首先要为广大普通观众服务，应以大多数观众的文化水平和欣赏能力为基准。过于专业化的陈列展览势必失去大多数观众。陈列展览要强调知识性、通俗性、普及性，“通俗”不是“庸俗”，更不是“低俗”。所谓“通俗”，即通过精心制作和深入浅出的

① 黄琛：《漫谈博物馆宣教服务体系建设》，载《中国文化报》，2008-07-04（6）。
② 章迪思、梁建刚：《自然博物馆：重建中的若干可能》，载《解放日报》，2009-11-30（5）。
③《英国威尔士地标建筑极具特色》，见《参考清样》，2007-01-15。

阐释，使普通观众在高雅的殿堂中增长知识、陶冶情操、提高文化素质。“提高指导下的普及”和“普及基础上的提高”，是处理雅俗关系的指导原则。

陈列展览的内容和形式，既要经得起专业人士的推敲，也要能让普通观众看得明白；既要能符合专业的规律，又能使普通观众接受。陈列展览经常使用的表达手段有直接方式，也有间接方式，直接方式是指让文物展品自己说话，文物展品自身就有许多信息可供观众自己解读。间接方式是指通过其他手法来揭示文物展品或陈列展览的主题和内涵，并使更多的观众能够理解和接受，使陈列展览有雅俗共赏的特点。尽管历史上曾经有过博物馆是否要用文字的争论，尽管也有人把文字视为博物馆展览中“必要的不幸”，但是事实上，文字越来越被视为展览的重要组成部分。

严建强先生认为“展览中的实物展品，远离自己的文化坐标和使用场景，以孤立、静态的方式呈现在现代材料制成的容器中。巨大的时空间隔使当代观众难以与它们对话，理解它们在生活中的意义。虽然我们强调采用博物馆语言来阐释它们，但要把它们复杂的背景、丰富的内涵与深刻的意义充分揭示出来，并非一件容易的事”[①]。要让观众看得懂，获得更多的知识，在大多数情况下都要借助文字说明，做出系统深入的叙述与解释。因此，陈列展览的各层文字说明，成为文物展品和陈列展览的必要导引，成为陈列展览重要的中介手段。文字说明同时还具有引导和激发观众思考，引发兴趣，沟通情感，产生共鸣等多重作用。

“中国文字发展史陈列”是中国文字博物馆的基本陈列，在前

① 严建强：《从展示评估出发：专家判断与观众判断的双重实现》，载《中国博物馆》，2008（2），71页。

期设计准备阶段，就对空间高度，展板大小、室内色彩、展品灯光等方面做出严密的论证工作，使陈列展览形式适应观众的感觉系统特性及观众心理需求，充分考虑观众的感受。此外，展览的6个展厅中，都设计有互动项目，通过动手选择甲骨文、金文图形，利用汉字计算机输入体会汉字从古到今的发展演变历程。特别是推出互动影像厅，充分开发文字与观众的互动，设立字谜竞猜、练习毛笔字、文字名片设计、雕版印刷等项目，其中材料工具与书法展区，观众可以通过多媒体设备，进行互动游戏，体验不同书写工具、书写方式对不同书写材料的不同书写效果。

中国文字博物馆的这些互动项目设置使观众在轻松、愉悦的环境中动手动脑，体会文字的魅力与趣味，更好地传播文字文化的知识。在创新陈列展览手段上充分发挥场景直观生动的特性，丰富展示效果。例如利用动画剪影的手法介绍内容，串联文物陈列。此外，陈列展览按照文字演变的时间顺序，设计制作了原始制陶、青铜铸造、造纸术、照排技术演示等与文字有关的场景。这些场景的设置，突出了陈列展览的主题，让观众感受古代的生产生活氛围，了解文字诞生及演进的过程。同时，配合陈列展览制作4D影片《甲骨文》，利用先进的科学技术，把原本深奥的甲骨文专业知识展示的栩栩如生，让观众了解甲骨文的产生、发展和演变[①]。

通俗易懂的文字说明是连接博物馆与观众的重要媒介之一，必须做到深入浅出，才能使观众通过文字说明了解陈列内容，增加对陈列展览的理解，使参观者有所收获。但是，传统的文字说明多强调文物来源，最常见的说明内容一般为：出土时间、出土地点、文物的时代、文物的质地，有的还标明文物尺寸，文字说明信息量较

① 张俊梅:《体验中国文字之旅 探寻中华文明之源》，载《中国文物报》，2011-03-23(5)。

少，上述内容具有一定的资料价值，但是却不是大多数观众所关注的内容。要使观众愿意阅读，文字在内容编排和艺术设计上都要做出精心的安排。陈列展览对于文字撰写人员有较高的要求，必须熟悉相关的专业，必须有很好的写作技巧，必须具有用简洁通俗的方式表达复杂专业内容的能力。

河南安阳中国文字博物馆陈列展览

现代陈列展览理念提倡文字、图表的艺术化，力图在布局、规格、色彩、造型等方面既有统一，又富于变化，平面与立体、静态与动态交相呼应，形成不同的层次和形态，从而有效增强可视性。同时，考虑到观众是在行走与站立中观察与阅读，每一单元的文字量也要进行严格的控制。为了使文字说明与陈列展览融为一体，可以将某些说明内容转化为图表或图像的形式，图表或图像使大量信息一目了然，使陈列展览内容表达简明扼要，使观众能更准确地把握重点，对提高文化素质有所帮助，进而愿意将参观博物馆视为文化生活的一部分。

博物馆通过陈列展览，可以让人们直观地看到历经沧桑遗留下来的文化与自然遗产结晶，从直观到感性更加全面地认识历史变迁。浙江自然博物馆为适合更多参观动机与知识背景不同的观众群，新馆展示采用双二元配置结构。仓储式标本展示主要满足专家和学生的需求；常规展示主要适应一般观众要求。允许观众更多地了解文物藏品在博物馆中如何被保存与维护，允许观众认知文物藏品客观存在的生命过程，以及博物馆人员如何开展日常工作，意味着赋予观众更多尊重和权利，使观众在博物馆中的参观体验更加丰富多样。

浙江自然博物馆在展示内容安排上，以探索人与自然的关系为视点，将自然、自然史和自然与人类三重内容融为一体，将观众引向对生物多样性及重要性的思考，增进对自然环境的兴趣与责任感。在展示手法上，强调异质、立体和复杂的空间构造，营造随和、亲切的自然气氛。力求克服同质、线形和平面化的展示空间导致观众参观疲劳和漠然。在展示特色上，注意自然科学知识传播与人文关怀的结合。同时，新馆的陈列展览希望能在一定程度上打破自然与人文的人为隔阂，把自然科学知识的普及与人类的生存状态有机结合起来，促使观众形成环境与人类生存息息相关、人类必须与大自然和谐共存的观念[①]。

二、实现陈列展览的通俗性

公众参与是社会进步的重要标志。博物馆要把一成不变的静态知

① 李让：《浙江自然博物馆新馆——当前博物馆建设的一种模式》，见《博物馆观察——博物馆展示宣传与社会服务工作调查研究》，60页，北京，学苑出版社，2005。

识变得生动有趣起来，就要从观众的角度出发设计陈列展览，以观众为中心提供各种相关服务，注重人文导向，使陈列展览人格化，服务人性化，使观众真正在博物馆里收获到悦目、悦心、悦智的享受。日本名古屋工业大学的研究室对日本 19 家博物馆观众满意度的问卷调查显示，展览中如果有 30% 的展品可供观众参与，观众的满足感会有很大提高[①]。日本江户东京博物馆内有一个大型微缩沙盘，展示东京桥的历史场景，而在桥的上面，有近千个表现人生百态、五行八作的小人雕塑，生机盎然，妙趣横生。为了使观众能够详细地观看雕塑的细部，博物馆在沙盘的四边设置了望远镜，体现出人性化的管理[②]。

博物馆应就陈列展览的内容和形式，不断征询观众的意见和建议，欢迎观众留言，及时了解观众的心理动态和潜在需求。例如一项关于“当代大学生眼中的博物馆”的调查结果表明，针对“什么样的博物馆会得到当代大学生群体钟爱”的问题，排在第一位的是“历史民俗”类，占 34.5%;“艺术”类位居第二位，占 32.8%;而“军事”类和“名人故居和纪念馆”类所占的比例则很小，分别为 3.4% 和 1.7%。而在对中小学生的问卷调查中却发现，很多的中小学生把“军事”类博物馆列为首选，“名人故居”的被选比例也很高。由此可见，博物馆应该有针对性地认清自己的目标观众群体，在展览策划运营中才能做到有的放矢[③]。

加拿大魁北克市文明博物馆，在观众调查的基础上，确定陈列展览的内容和形式，并将陈列展览首先制作成小模型，到社会各层次的观众中去征求意见，哪怕是幼儿园的儿童也不漏掉，在大量调

① 刘卫华：《信息时代博物馆价值与功能新解读》，载《中国文物报》，2009-09-23（6）。
② 武斌：《服务·文化与审美：体验海外博物馆》，载《中国文物报》，2009-09-09（5）。
③“加强博物馆展示宣传与社会服务”调研课题组：《当代大学生眼中的博物馆》，见《博物馆观察——博物馆展示宣传与社会服务工作调查研究》，11 页，北京，学苑出版社，2005。

查摸底工作的基础上，再引进或投入制作，使每个陈列展览都具有不同的观众群体。连云港博物馆充分发挥馆藏文物的资源效应，不断丰富陈列展览内容。在四川汶川大地震发生后，为了及时向社会民众宣传防震减灾科普知识，博物馆及时与地震部门联系，举办防震减灾科普知识展览，并开展地震科普知识讲座和地震应急逃生演练，在相关媒体上进行提前宣传，许多市民前来参加咨询活动，在社会上引起良好的反响。

加拿大魁北克文明博物馆

参观博物馆不同于在课堂上听课，观众在获得知识的同时还希望获得一份美感和享受。陈列展览就是要在人与物之间创造出一个彼此交往的中介，为人们提供一个具有美学属性的空间，让观众赏心悦目、舒解疲劳，放松情绪。由于珍贵文物不可随意触摸，一些青少年到博物馆参观时会感到枯燥。为此，中国科学技术馆通过大量可以让观众亲自动手实践的展陈设施，生动形象地展示了电磁、力学、机械、声光、信息、核技术等多种学科的基本原理和科技成果，特别是那些光怪陆离的辉光球，五颜六色的巨大肥皂膜，毛发直立的静电反应，都令青少年观众惊讶不已，加深了对相关原理的理解。

上海博物馆结合博物馆的书画、陶瓷、玉器等文物展品，对中小学生开展趣味墨拓、修复“唐三彩”、软陶制玉、扎染等手工体验活动，让参与者在石板上刻下文字或图像，然后制作拓片；把陶器、瓷器碎片分离，再修补完整；在白布上学染色；用软陶模仿古代玉器形状，制作成玉蝉、玉龙、玉鸟等。他们还举办纸文化系列活动，包括艺术剪纸、手工制造宣纸、掌握木活字印刷技术和做套色水印信笺。让孩子们在动手制作过程中，感受传统品味生活。当中小学生们亲手制作出一个个饶有趣味的艺术作品时，就会从中感受到成功，体验到自我价值。

博物馆的陈列展览和社会教育项目应该充分发挥体验性、互动性、参与性等特征。“让公众了解博物馆的工作人员在做什么，这实际上也是博物馆魅力的一个有机组成部分”①。新西兰国家博物馆就设有讨论室，观众还可以通过预约参观文物库房或与专业人员接触、交流。这些展厅以外的相关活动，能大大提高观众的满意度。博物馆既要成为文化信息中心，也要成为文化体验场所，利用陈列展览让观众直接参与，并成为互动体验，使文物展品的信息以生动的方式传递给观众，通过视觉、听觉、嗅觉、触觉等体验，获得难忘的感受，获取需要的知识。

在国际盲人日，卢浮宫艺术博物馆给北京带来一项独特展览，“触・觉——从卢浮宫到世纪坛”，参观者可以亲手触摸卢浮宫艺术博物馆所藏公元前 2 世纪至 19 世纪的西方经典雕塑的复制品，所有

① 龚良：《博物馆，当我走进你的大门》，载《陈列艺术》，2009（S），4 页。

复制品都是由法国国立博物馆联合会模型工坊制作而成的，观众可以通过触摸感受雕塑作品的力与美，使盲人也能感受到艺术家的表现和匠心。同时，在每一件陈列展品旁都放置了中文和盲文的两种介绍。浙江省博物馆“十大镇馆之宝”汇展及评选活动引爆杭城，在杭州的各大新闻媒体对此作了一系列连续报道，激起观众对博物馆文物的兴趣和激情，也成为社会公众关注的热点。热情高潮的观众积极参加投票评选活动，成为博物馆把馆藏文物精华更好地展示给社会公众的一次有益探索[①]。

博物馆陈列展览设计要善于调动观众的审美意识和审美情感，尽力缩小陈列展览与观众的空间距离和心理距离，寻求与观众的共鸣。日本九州博物馆的藏品仅有 2000 余件，但是参观人次却位居日本各大博物馆前列。究其原因，主要是该馆紧紧抓住了观众的心理，一切展示活动都以观众为中心。如果一个展品连续 6 天观众停留的时间不到 10 秒，就进行撤换。在日本九州博物馆的实验室，公众可以近距离观看或尝试实验操作，甚至公众可以透过保管文物藏品的库房开窗通道，参观库房里面的技术人员如何修复、整理和保管文物藏品，深受观众喜爱[②]。

在博物馆的陈列展览活动中，观众不应该是被动接受的一方，而应该是陈列展览的主动参与者。得州监狱博物馆是一家集展览、教育、旅游为一体的综合性慈善机构。该馆从囚犯和狱警的角度展示了 1848 年以来得州监狱系统的发展历程。陈列的展品以囚犯使用的物品为主，其中除生活用品、行刑工具、囚犯带入的违禁品及自制的越狱用品外，还有囚犯自己创作的绘画、雕塑等监狱“艺术

---

① 崔波：《千树摇曳 万树花开》，载《中国文物报》，2010-01-13（5）。
② 纪丽君：《活动开展项目如何满足观众需求》，载《中国文物报》，2010-04-14（4）。

品”。博物馆还别出心裁地设计了一个模拟囚室，游客只要花上 3 美元就可以穿上囚服在里面照相留念，体验一下当囚犯的感觉。

博物馆应千方百计地拉近观众与文物展品间的距离，着力考虑观众的心理需求，追求展示空间的机动性与可塑性，着力于展厅文化氛围的创造和展品文化意义的激活，通过陈列展览将观众带到特定的情境氛围之中，使他们深入地参与其中，达到在认知、行动、反馈等方面的全方位参与。垃圾博物馆坐落在美国斯特列福镇，是在垃圾分类处理厂的基础上扩建而成的，作为环保教育设施之一，免费接待公众。在这里，游客可以了解到绿色的塑料瓶可造地毯、25 个汽水瓶可制作一件再生的短上衣、1 吨旧报纸再生使用可少砍约 17 棵树和节省 4100 瓦能源、利用废弃金属代替铁矿石生产新钢铁等。通过参观，人们不仅了解垃圾处理的过程，还可以增强环保意识[①]。

现代信息技术的应用，改变了博物馆藏品的陈列展览方式，也提高了人们对信息的处理效率，从而使我国博物馆的管理水平有了明显提升。多语种的自动讲解系统的应用，使博物馆对参观者的服务能力有了明显提高。良渚博物院的陈列展览，按照“雅俗共赏”的要求，解读和传递良渚文化的专业元素，让观众“看得懂、喜欢看”，并做深做透良渚之谜和良渚玉文化两篇文章，除了运用传统的文物展示、场景营造等陈列手段外，还采用声光系统、多媒体技术、4D 影院等现代科技手段，实现室内展示与室外体验相结合，提高博物馆陈列展览的可视性、可读性和参与度，给予观众更加清晰的印象和直观的感受。

在举办“天地经纬展”的过程中，河南博物院与国家地震局、国家博物馆、北京天文馆、中国社会科学院考古研究所、北京自动化研究所等的多学科专家联合攻关，围绕古代科技成果的展示和利

① 陈同乐：《后博物馆时代》，载《中国文物报》，2010-01-13（6）。

用、地动仪模型构造和基本工作原理，以及陈列架构、科技内涵延伸、环境创新、公众参与等方面，进行了诸多探索和共同研究。这一展览使人们在探索历史类博物馆如何通过现代技术手段展示古代科技原理的方式方法，探索陈列如何向观众传递和正确对待不断发展着的科学空间，探索如何让观众参与到陈列中并通过亲身体验来缩短陈列与观众的距离等方面，积累了一定的经验。

爱因斯坦曾说过，兴趣是最好的老师。通过丰富多彩的教育活动，人们会对科学有兴趣，对生活有兴趣，对博物馆有兴趣。对于以休闲娱乐、陶冶情操为目的的观众而言，博物馆就好比是一座艺术殿堂，人们不但期望能够看到珍贵展品，也希望能够参加某项有意义的活动，甚至动手项目，获得更真切的感观体验。尤其对于处于充满好奇、爱动好玩年龄段的青少年观众来说，动手参与是最好的学习方式。为此，不少博物馆都有为少年儿童专设的展览区、活动室、探索角。这些动手活动不仅使少年儿童学会一定的技巧，而且也激发他们的兴趣，加深对博物馆参观的印象。

2010年7月，黑龙江省博物馆举办了“生命起航——卵的奥秘”暑期特别展览，这是针对少年儿童参观群体，集趣味性、科学性为一体的陈列展览，通过展示鸡、鸭等的孵化过程，引导大众关注生命、探索自然。博物馆购进专用孵化设备，将传统的展板展示转变为活体互动，将原有的引导讲解转变为主动吸引，将整个孵化过程完全呈现在广大观众的面前。展览以鸡鸭等的孵化过程为载体，展示部分鸟类和爬行动物的诞生及发育过程。所有孵化卵面向少年儿童实行免费幼雏征名、领养活动。凡在指定时间内报名的少年儿童，均可以亲自挑选其中一枚孵化卵自己进行命名，博物馆对其指定的孵化卵进行特定编号，待孵化出壳、展览结束后免费赠与其领养，借此提高少年儿童对自然环境保护意识①。

心理学家麦克卢汉博士说“触摸行为对于电视机下成长的一代人来说是非常重要的课题。他们从孩提时代起，就已经接受了电视图像的透视，现在需要从深度方面来处理事物了”。博物馆的少儿教育应该受到应有的重视。中国科学技术馆新馆中，有一处“科学乐园”展厅，专门为3～10岁的儿童所设计。展厅面积近4000平方米，是目前国内最大的儿童专项展厅。展厅共分9个单元，如科学城堡、认识自己、山林探秘、欢乐农庄、戏水湾、安全岛、创意工作室等，包括认识自然、认识自己和身边、工农业交通、环境、防灾和趣味活动等，共计有展览项目140多项。

科学乐园的一切，都按照为儿童服务设计安排。展厅的设施和布置，都考虑到儿童的身体和认知特点，整个展厅色彩和谐温馨，各展区都用不同的颜色区分，背景音乐舒缓优美，各类提示亲切有趣，各展项的体量、高度，手柄的松紧度都符合3～10岁儿童的身材和体能。为保证小观众的安全，所有设施、器材都做了防电、防撞、防扎、防磕等处理。小朋友在乐园里就是玩和动，玩自己喜欢的展厅，展厅中不仅有动手的项目，还有动眼、动耳、动脚、动嘴、动鼻子的项目，在玩和动中激发兴趣，得到体验，获得知识，增长见识，发现喜好和特长，或者就是玩个高兴，玩个痛快。

目前，一些观众参观博物馆不仅是希望获得消闲，还希望有更多的交流机会，希望深入了解一些文化信息，希望能与博物馆专业人员交流，博物馆对于这些观众的愿望应尽量满足。即使是抱着学习目的前来的观众，也不希望博物馆的陈列展览是一本呆板僵化的教科书，而是希望博物馆呈现生动、自由、开放的气氛，成为启迪

① 岳中彬：《卵的奥秘暑期特别展》，载《中国文物报》，2010-08-11（5）。

人们思想智慧，开发人们学习潜能的环境。为了满足观众对陈列展览深度了解的需要，故宫博物院在几乎所有临时展览中都配套组织学术讲座，在展厅播放与展览背景有关的视频节目，并通过触摸屏、网上展览、动手制作等项目增加观众的参与感和体验度，并计划今后将更多更先进的多媒体技术推广应用到故宫博物院内对外开放的宫殿、展馆、展厅内，使现代科技与传统文化紧密结合、相得益彰。

如今博物馆观众的参与欲望十分强烈，他们不仅希望观看陈列展览，而且希望参与其中，进行自主体验。因此，有条件举办开放式陈列展览，是增进观众参观满意度的有效方法。如果出于文物安全或观众安全等原因，不能实现开放式陈列，也可以制作一些复制品供参观者接触，或者利用高科技的多媒体、网络技术、手握式多媒体导游设备等，增加陈列展览的可感性。在主题陈列之外设立发现中心、故事中心、娱乐中心之类的附属区域十分必要，让观众有参与的机会，家长与孩子有共同学习探索的空间。

美国波士顿儿童博物馆有一段脍炙人口的名言：我听了，可忘了；我看了，记住了；我动手了，明白了！中国古代诗人陆游也曾诗曰："纸上得来终觉浅，绝知此事要躬行。[①]" 香港太空馆有一项让观众亲自体验在太空翱翔的滑翔项目，观众可以乘着滑翔器，遨游于太空，有一种身临其境的感觉。"陈列展览的形式可以有多种多样，有的是质朴无华、素面朝天，有的则是五彩争艳、匠心独运，但无论是哪种形式，都有一个共同的出发点，就是要从观众的角度来看，以更好的和更有吸引力的方式让观众欣赏和观摩"[②]。

博物馆的陈列展览在内容上应科学高雅，在形式上应喜闻乐

① 楼锡祜：《博物馆少儿活动》，载《中国文物报》，2010-03-24（5）。
② 武斌：《服务·文化与审美：体验海外博物馆》，载《中国文物报》，2009-09-09（5）。

见，努力在大众化与专业性之间寻求平衡。在首都博物馆，除了设有专门的教育互动区，还在陈列展览的设计上注重参观者的感观感受，在展品、图片之外，还有多个多媒体展项，包括以声、光、电等现代科技的表现形式，以及参观者能亲身参与互动的展区，以强调“体验、感受、互动”的方式传递展示信息。在河北海盐博物馆，“天工开物——中国盐史”展览，系统展示与盐有关的历史、技术、文化，及其在国民经济中的重大作用，采用水墨淡彩风格绘制的二维动漫“熬波图”，采用动感手段，生动再现了元代海盐制作工艺，增强了感染力和吸引力。

北京首都博物馆

陈列展览和公众教育在今天的博物馆中结合得越来越紧密，形式也更加多元化，尤其是更加注重观众的参与、体验，从而达到信息的双向传递，这正是现代博物馆与传统博物馆的区别。在大英博物馆，“日本传统手工艺展”期间，邀请了多位当代手工艺大师来做讲座，同时表演茶道和插花，并且在活动室里可以观看日本墙纸的制作过程，使观众与展示内容之间没有阻碍，实现最真实的接触，观众在这里感受到的是主动学习而不是被动接受。在维多利亚与阿尔伯特博物馆，介绍19世纪装饰风格的时候，设计师复制了那个年代的椅子，供观众亲手拆卸、组装。

好奇是人的天性，也是人们走进博物馆重要原因。当今我国陈列设计中出现了“互动式陈列方式”的展览，这不仅反映了现代设计要考虑到专业、艺术、技术，同时更要考虑到观众的心理、生理的需要，揭示了设计者要注重设计语言的大众化和通俗化，努力使设计的形式更为观众所接受，更适合于大多数观众的欣赏口味的趋向。博物馆的每一个陈列展览，每一件文物展品都会在参观者意识中呈现出多层面的意义，博物馆应为观众提供开放的空间来阅读文物展品，使观众有效的利用这个空间，在头脑中进行资源再造，在精神层面上得到满足。博物馆不应仅有简单的陈列展览，而应为不同参观者找到不同方式来享受陈列展览。

“人们在博物馆看到的不是那些已经死掉的东西，而是被赋予生命的展品[①]。” 新的博物馆发展理念对以玻璃橱窗为主、附以照片资料，观众只能隔着玻璃参观，在橱窗间穿梭而不能动手参与的传统博物馆展示形式，提出了新的挑战。取而代之的是：陈列的形式可以经常变动、重新组合，观众可以自由选择、动手参与。而思考、咨询、提出问题、寻找答案是实现博物馆教育功能所必须考虑的重要问题。观众希望通过对展览的参观，触发他们的思考，实现其探索、认知、趣味、互动的文化体验。高雅不是神秘，通俗不是肤浅，博物馆要把握既反映现代科学技术发展，又能为人们所理解的尺度，避免出现盲目崇拜高科技倾向。

① 纪双城：《向国外博物馆同行学“竞争”》，载《环球时报》，2011-04-22（13）。

博物馆馆舍建设质量的提升[①]

（2014 年 1 月）

当前我国正处于博物馆发展的重要机遇期。在当前乃至今后较长一段时间，博物馆馆舍建设仍将呈现持续快速增长的趋势。博物馆数量的增加和质量的提升，有利于更多的珍贵文物得到保护，拓展博物馆资源利用途径，使更多的民众享受到博物馆文化权益。为此，关注博物馆馆舍建设中存在的突出问题，探索新时期博物馆建设的理论和方法，提高我国博物馆建设水平，是现阶段我国博物馆发展进程中的重要任务。

一、 博物馆建筑发展历程

当今世界上的博物馆，不但主题内容无所不包，而且建筑形式也千差万别，留有许多时代的特殊词汇，构成历史信息的文化符号。我国的“博物馆热”不应仅仅是“博物馆建设热”。在广大民众文化需求日益增长，对传统文化价值日益认同的今天，作为人类文明的“记忆殿堂”，博物馆建筑文化不应被边缘化。相信在不远的将来，在相关学科的共同的努力下，在各个城市和地区，会不断创造出新的博物馆建筑文化。

① 此文发表于《从“数量增长”走向“质量提升”——关于广义博物馆的思考》，天津大学出版社，2014 年 1 月。

（一）博物馆建筑文化的早期形成

专门的博物馆建筑晚于博物馆的出现。直到 19 世纪下半叶，才开始出现博物馆的专门建筑。埃及国家大博物馆创建于 1858 年，被称为是世界上第一座专门以博物馆为使用目的而建造的建筑[①]。该博物馆位于尼罗河畔的开罗市区，是世界上收藏古代埃及文物最重要的博物馆之一，收藏有古代埃及珍贵文物约 16 万件，著名的展品包括图坦卡蒙墓出土的珍宝和拉美西斯二世木乃伊等。为了这些珍贵文物的妥善保存和展示，埃及国家大博物馆在建筑设计上注意到展览空间、采光照明、空调通风、分区功能等方面的特殊功能。

埃及埃及国家博物馆

19 世纪 60 年代，英国阿什莫林艺术和考古博物馆，成为世界上第一个在建筑设计时即考虑向公众开放的博物馆，其具有西方建筑史上延续千年的宫殿庙宇建筑特点，几乎成为此后相当长时期博

① 崔波：《与君初相识犹如故人归》，载《中国文物报》，2008-06-13（6）。

物馆建筑的共同特点。例如斯麦克（Smirke）设计的大英博物馆新馆所采用的就是当时流行的希腊古典建筑形式。此后，世界各地的传统博物馆建筑，总是力图突出馆舍的象征性意义，使人们产生博物馆建筑与文物藏品在时间上相互呼应的感受。1870年建立的美国纽约大都会艺术博物馆，拥有酷似卢浮宫庄重、典雅的建筑造型，直到1926年，大都会艺术博物馆具有新印象派建筑风格的博物馆馆舍才建成并投入使用。

在我国，19世纪末和20世纪初，开始出现一些近代形态的博物馆建筑，主要包括两种类型。一类是在西方列强侵略的背景下，由外国人创办的博物馆，其建筑形式主要受到西方建筑的影响。但是，其中也有一些博物馆建筑借鉴了中国传统的建筑风格。另一类是我国一些有识之士和实业家开始实施，并在辛亥革命后开始成为政府行为的博物馆建筑。由于西方博物馆的示范作用，以及西方建筑技术与设计思潮的传播，中国人自己创办的早期博物馆建筑也不可避免地受到西方建筑的影响。但是，这些博物馆建筑在吸取西方建筑技术的基础上，也力图采用体现中国传统文化特色的建筑符号，有的甚至完全采用中国传统建筑形式，成为中国近代“传统复兴式”建筑的典型[①]。

由此看来，这一时期的博物馆建筑既有体现浓郁中国传统特色的博物馆建筑，也有体现鲜明西方新古典主义风格的博物馆建筑，还有采用中西合璧形式的博物馆建筑，充分体现出中西建筑文化在博物馆建筑文化中的相互交融。这一时期的博物馆虽然大多藏品有限，规模不大，但是在建筑上已经开始体现出满足博物馆功能的努力，例如现存的南通博物苑建筑、济南广智院建筑、成都华西协和

① 项隆元：《中国博物馆建筑的百年回顾与分析》，载《浙东文化》，2008（1），57页。

大学古物博物馆建筑等，均是这方面的典型例证。

南通博物苑是中国人创办的第一座博物馆，也是中国人关注博物馆建筑的开端，作为张謇先生博物馆学理论和实践相结合的产物，值得我国博物馆界永远珍视。在博物馆建筑理论方面，张謇先生具有独到见解。他认为博物馆应建在交通便利且便于开拓的地方，整个建筑要考虑到文物标本的储藏和陈列的要求，“宜少辟门径，以便管理者视察”，“庋阁支架，毋过高毋过隘，取便陈列，且易拂扫”；要美化周围环境，“隙地则栽花木，点缀竹石”，馆中贯通之地“宜间设广厅，以备人观者憩息”。这些主张在其兴建的南通博物苑中得到了体现。张謇先生除个人出资建馆外，还亲自选址、规划和参与建设。

南通博物苑位于旧城东南隅，北边和东边是宽阔的濠河，美丽风光使博物苑大为增色，形成园中有馆，馆中有园，园馆结合的城市园林式综合性博物馆。南通博物苑建筑与园林相结合，形成自身的风格和艺术特色，整体布局既严谨又活泼，每栋建筑均按照博物馆功能要求进行设计，主体建筑东、西、南、北、中五馆体量均匀适中，但是平面、立面形式各不相同，周边广栽花木，点缀竹石，堆山凿池，建亭筑榭，并配以庭院式的动、植物园，园林气息十分浓厚。“把博物馆筑在庭院之中，让每一个参观者都能占有一个有益于自己的生理和心理的环境”①。 在园林建筑布局上，采用中轴对称和几何图形。

① 凌振荣：《论南通博物苑建筑》，载《中国博物馆》，2006（1），62页。

江苏南通博物苑

济南广智院是反映20世纪初中西建筑文化交融的典型实例。1904年由英国传教士所建，1910年竣工。建筑设计既有中国传统庙宇特色又有西方建筑特长，力图融西式建筑的平面和结构形式与中式建筑的外观和内部装修等，集中西方建筑文化元素于一体。同时，作为集布道与展示于一体的建筑，设计上更多地考虑了博物馆的展示功能，开阔的展厅，宽敞的玻璃窗户，通顺紧凑的展线安排等，反映出建筑设计者对展示性建筑实用功能的关注。

成都华西协和大学古物博物馆是一座具有浓郁中国传统风格的博物馆建筑，1919年博物馆正式成立。博物馆主体建筑为英国著名建筑师F. 朗曲（F.Rowntree）设计，没有照搬西方建筑模式，而是在建筑外观上着力表现中国重檐歇山式的大屋顶建筑特色，铺以黛色板瓦，白灰抹缝的青砖墙体，表现出古朴的东方美，体现出西方建筑师通过汲取中国建筑文化营养，力图借用中国传统建筑形式来满足现代博物馆功能要求的可贵尝试。

1933年，“国立中央博物院筹备处”在南京成立。按既定计划，该馆分为自然、人文、工艺三馆，规定总建筑面积为25550平方米，建筑形式在不妨碍“近代博物院建筑之需要，并力求朴实及最大面积”的原则内，“须充分采取中国式之建筑”。经过逐个方案研究，留学归国的建筑师徐敬直的具有“复古主义”风格的建筑设计方案中选。他根据入口地形狭长的特点，将建筑主体布置于狭长入口的中轴线上，营造出庄严雄伟的气派。梁思成先生亲自指导修改完善设计，将博物馆大殿屋顶改为仿蓟县独乐寺山门辽代建筑形式，内部结构按宋代《营造法式》建造，细部装修采用唐宋风格，建筑结构使用钢筋混凝土材料，使之成为当时采用新结构、新材料建造仿古建筑的典范。

中央博物院主体建筑坐北朝南，面阔九开间，进深五开间，庑殿式屋顶，台基、屋身、屋顶的三段式构成十分明显，黄瓦红柱，飞檐斗拱，显得古朴大气，既遵循中国古典建筑的体量和整体轮廓，又力图保持古典建筑细部特征。博物馆内展厅、库房、图书馆、行政办公室等安排合理，通风采光、人流线路、物流线路等也有充分考虑，并且在建筑的中心部位设置可供残疾人和文物运输的垂直升降的客货两用电梯，这在当时非常难能可贵。该建筑被视为20世纪上半叶较成功的“复古主义”风格的建筑作品[①]。

上海市立博物馆是具有“折中主义”风格的传统复兴式建筑。该馆不是着力于合乎传统建筑程式和法式的“复古”，而是在现代博

① 1936年蔡元培先生主持了中央博物院的奠基式，但是不久抗日战争的炮火就打破了中央博物院三馆并举的规划，直到1948年人文馆，即今天的南京博物院历史陈列馆才大致竣工，前后经历10余年时间。

物馆建筑中加入中国传统建筑特征的元素，以体现传统复兴的设计理念。博物馆内部空间功能明确，门厅、衣帽间、大厅、图书馆、讲演厅、陈列室、办公室、研究室、储藏室等用房配备齐全。为最大限度地满足博物馆的功能需求，设计者对室内采光照明、空气流通、冷暖气调节等都有相应的考虑，在当时博物馆建筑中实属少见。从上海市立博物馆建筑的外观形象与内部空间来看，是中国建筑师在吸取中西方建筑文化的基础上，力图以混合的建筑形态，创造出具有民族风格博物馆建筑的一次有益的尝试。

这一时期建设的南京国立美术馆（1935—1936）、中央地质调查所陈列馆（1935—1937）等，是“折中主义”博物馆建筑的成功范例。另一方面，在我国利用历史建筑作为博物馆馆舍，也有较长的历史，例如1927年利用开封前法政学校校舍而建立的河南省博物馆，1929年利用杭州孤山之阳的王阳明祠、文澜阁、圣因寺罗汉堂等古建筑而建立的西湖博物馆等。

（二）博物馆建筑文化的初步发展

中华人民共和国成立之初，随着博物馆事业的发展，各类博物馆相继开始筹建，但是由于受当时经济发展水平的制约，无力新建博物馆馆舍，作为权宜之计，一些博物馆利用历史建筑改造而成。但是，经过长期探索，利用历史建筑改建的博物馆，在博物馆总数中占较大比重，其中有相当部分属于已经列入文物保护单位的建筑，这种方式除经济上的考虑之外，一些博物馆选择历史建筑作为馆舍，在于这些历史建筑本身与博物馆的主题有所关联，或具有较高的历史价值和观赏价值，博物馆利用这些建筑适得其所。

当时，博物馆利用的历史建筑类别多样，既有宫殿、官府、寺院、庙宇等官式建筑，例如1955年建立的首都博物馆利用国子监街上的孔庙建筑；也有宅第、民居、祠堂、会馆等民间建筑，例如1959年建立的自贡市盐业历史博物馆选址于西秦会馆。既有古代建筑，例如1950年重建的广州博物馆馆址为创建于明代洪武十三年（1380）的镇海楼；也有近代建筑，例如1959年筹建的青岛市博物馆，馆址原是青岛道院和世界红十字会青岛分会旧址。既有综合类博物馆，例如1953年建立的山西省博物馆位于太原市东南隅的文庙内；也有专题类博物馆，例如1956年筹建的上海自然博物馆，选择了1923年建造的原华商纱布交易所旧址。

这一时期，在博物馆建筑设计上出现两种倾向，第一类是按照苏联式建筑风格建造的博物馆。20世纪50年代初，博物馆学的理论研究和建筑设计思想转而向前苏联学习，出现了安徽省博物馆（1956年）、北京自然博物馆（1958年）、中国人民革命军事博物馆（1959年）等，带有苏联式建筑风格的博物馆建筑。中国人民革命军事博物馆是中华人民共和国成立10周年“首都十大建筑”之一。方柱式的门廊，浅黄色的外墙，金黄翠绿的屋檐，在很多方面也体现出中国传统特色。一些博物馆建筑除了外观借鉴前苏联式建筑风格外，建筑内部也往往按展览馆的功能需求进行设计，高空间、大展厅，在空间布局上并不适合博物馆使用，难以为陈列展览合理组织人流路线，内装修中雕饰等过多，干扰展览效果，库房面积不足，或建筑条件不符合藏品保管要求。

第二类是按照传统建筑形式建造的博物馆。20世纪50年代，在“现实主义”和“民族形式”的口号下，出现了内蒙古自治区博物馆（1957年）、中国革命博物馆和中国历史博物馆（1959年），以及之后的中国美术馆（1962年）等，具有古典主义风格或新古典主义风格的博物馆建筑。1957年召开的全国纪念性博物馆工作座谈会，明确了纪念馆的发展方向，即“纪念性博物馆一定要搞好原状陈列，决不能追求规模、气魄。”

北京自然博物馆

中国革命博物馆和中国历史博物馆是当时新古典主义风格的典型建筑范例，由著名建筑师张开济先生设计。建筑外貌气势雄伟，表现出建筑物的纪念性意境，通过内院式的“目”字形平面布局把整座建筑平分为南、北两部分，既满足了与相对的人民大会堂均衡体量的要求，也为安排参观流线、陈列空间、通风采光等提供了便利条件，空间布局具有良好的流线，展览、保管、研究等各种用房功能分区明确，既有分隔又有联系。正面方柱、空廊的设计，不仅在尺度、轮廓上与人民大会堂基本一致，而且与人民大会堂的圆柱、实廊形成和谐的对比。但是由于陈列室过高，窗户过大过多，为空调供暖降温带来许多问题①。

① 项隆元：《中国博物馆建筑的百年回顾与分析》，载《浙东文化》，2008（1），57页。

中国美术馆是当时具有典型古典主义风格的建筑之一，由著名建筑师戴念慈先生等设计。在建筑形式方面，主要考虑了三点：一是反映鲜明的民族风格；二是反映美术创作的繁荣；三是与附近的故宫、景山等传统建筑相互呼应。整座建筑用传统的亭台楼阁形式组合而成，构图优美，富有中国古典建筑的气息。在对于传统文化的继承上，既侧重于对内在精神的理解，又不是形式上的生搬硬套，既不是“传统”的翻版，也不是“历史”的移植，而是站在现实社会和文化发展的角度，对于传统文化进行重新审视。

在探索民族形式建筑的过程中，一些建筑师还把目光投向了地方建筑风格，从中汲取营养并运用到博物馆建筑的设计之中。1956年，上海鲁迅纪念馆在鲁迅公园建造了新馆舍，纪念馆建筑为2层楼房，由著名建筑师陈植先生等设计。设计借鉴了江南民居的建筑形式，采用庭院式布局，青瓦白墙、马头式山墙、毛石勒脚，风格简洁朴实、明朗雅致。1964年建成的韶山毛泽东旧居陈列馆，位于距毛泽东旧居500余米的引凤山下，背负群山，与旧居及其环境融为一体。这些博物馆建筑地方特色鲜明，其造型又切合博物馆主题，因此得到广泛赞誉。

在国际上，1959年10月，别具一格的古根海姆博物馆新馆，在美国纽约第五大道落成。这座白色圆形建筑，外观犹如一根宽宽的白色缎带由北向南展开，继而又从容地由低向高漫卷上去，就像纽约中央公园附近的一座巨大花坛，在周围那些方方正正的建筑物簇拥下，显得格外与众不同。建筑师 F.L. 赖特（F.L. Wright）为博物馆构思了新奇的建筑设计，除了优美的建筑外观，博物馆螺旋式结构的内部圆形大厅，展示出艺术殿堂的神圣与美丽。尽管古根海姆博物馆独特的建筑造型在早年间屡遭非议，现在却被誉为里程碑式的建筑，成为纽约的标志性建筑之一[①]。

我国改革开放初期，伴随博物馆事业的快速发展，利用传统建筑创办的博物馆不断增长。例如1986年开馆的青海省博物馆，馆址原是马步芳生活起居的宅邸；1983年建立的厦门市博物馆，利用鼓浪屿岛上的八卦楼作为馆舍；1985年开馆的新烟台市博物馆，馆址为原福建会馆；1985年开馆的襄汾丁村民俗博物馆，利用丁村明清民居建筑群而筹建；1986年开馆的苏州民俗博物馆，位于苏州古典园林狮子林东侧古宅内；1987年建立的舟山市博物馆，利用了定海区城关镇祖印寺内的晚清建筑等。据1995年出版的《中国博物馆志》统计，我国的博物馆、纪念馆中，利用纪念建筑改建的博物馆、纪念馆占博物馆总数的55.4%，而专门建造的博物馆建筑只占44.6%，国外的情况亦大致如此[②]。

法国的一些城市在对旧址巧妙改造利用后，将其作为博物馆对社会开放，其中不乏成功的范例，有的利用旧址、旧宅进行改建，有的利用工业遗址进行改建或实施保护性再利用，改建中的再创意以及实用性与艺术性、装饰性的统一，无不给参观者留下深刻的印象。例如坐落于巴黎市中心塞纳河左岸的奥塞博物馆，其前身是竣工于1900年的奥塞火车站，是里昂至巴黎铁路的终点站，是一座设计优良的火车站，但是在第二次世界大战前被弃用。20世纪60年代，巴黎市政府开始讨论奥塞火车站被重新利用的可能性。1986年，经过成功改造后的奥塞博物馆落成，焕发出新的活力。今天的奥塞博物馆建筑与其中收藏展示的印象主义艺术作品相得益彰，被誉为“欧洲最美丽的博物馆”。奥塞博物馆的成功

① 吴云、胡盛梅：《为了明天的艺术》，载《人民日报》，2009-07-10（15）。
② 王莲芬：《浅论博物馆建筑造型与博物馆功能需求的和谐统一》，载《中国博物馆》，2006（1），56页。

得益于保护工业遗产并加以合理利用的进步理念，成为这座建筑再现辉煌的起点。

没有超越就没有文化。博物馆建筑也应表现非凡的创造能力，努力实现超越。20 世纪 80 年代，法国政府对卢浮宫进行了大规模整修后重新开放，建造了华裔建筑师贝聿铭所设计的玻璃金字塔入口，与古老的宫殿形成鲜明的对比，成为巴黎城市显著的标志之一。在美国，洛杉矶的盖蒂博物馆，是世界上收藏最丰富的艺术博物馆之一。这座坐落在洛杉矶西北小山坡上的博物馆，是一座少有的现代风格艺术馆，集艺术、建筑、景观为一体。整体建筑群呈淡淡的米白色，镶嵌于蓝天碧海的城市背景之上[①]。

美国盖蒂博物馆

① 武斌：《服务·文化与审美：体验海外博物馆》，载《中国文物报》，2009-09-09（5）。

（三）博物馆建筑文化的时代进步

改革开放以来，博物馆建设逐渐得以恢复，在吸收国外现代博物馆建设经验的同时，开始走上探索中国现代化博物馆建筑的道路。特别是20世纪80年代以后，博物馆面貌有了显著改观，新建、改建、扩建的博物馆层出不穷。伴随博物馆数量的快速增长，建筑风格呈现多元化的发展趋势。此外，博物馆建筑的功能要求逐渐受到更多地关注，出现了一些既受到建筑界推崇，又得到博物馆界首肯的博物馆建筑。例如南京雨花台烈士陵园纪念馆，整个建筑群沿着一条南北中轴线排列，全长达1000多米，合理利用原有的自然地形，建筑与周围的山岗共同构成一个富有情感的纪念空间。

同时，还出现了一些侧重地域文化挖掘与展现的博物馆建筑，这些建筑强调地方特色和民族风格，其形式与地域文化内容的主题相结合，达到既切题又美观的效果。例如1986年建成的上海陶行知纪念馆，整组建筑布局吸收了中国江南园林小中见大的手法，空间隔而不断，园中有院。单体建筑设计则以江南民居为蓝本，青瓦白墙，造型小巧精美，朴实明朗。始建于1986年的大理白族自治州博物馆，建筑布局采用以大门、石拱桥、客厅、照壁和中心展厅为中轴的对称布局，院落之间以长廊相连，建筑造型、建筑材料、装饰手法都借鉴了白族建筑传统，以突出地方民族风格。

这一时期，一些博物馆建筑设计注重传统建筑形式的借鉴。20世纪80年代，陕西历史博物馆被列为国家重点建设项目开始启动，明确要求建筑设计“应有浓厚的民族传统和地方特色，并成为陕西悠久历史和灿烂文化的象征”，张锦秋先生主持设计，博物馆建筑运用“轴线对称，主从有序，中央殿堂，四隅崇楼”的传统建筑形式，吸收唐代建筑博大豪放的气度、浑厚质朴的韵味，扬弃宫殿建筑雍容华贵的浓丽色彩，以唐式建筑的台基、屋身、屋顶为基础构图，以质朴的黑、白、灰、茶色为主体色调，展现了既恢弘又典雅的唐风古韵。博物馆建筑注重环境设计，功能分区明确，展览流线合理，各种用房面积分配适当。

陕西历史博物馆鸟瞰

1991 年陕西省历史博物馆落成之际，吸引了来自世界各地参观者的目光，作为西安古城的标志性建筑，实现了艺术形式与文化功能的统一，被视为“新唐风”建筑的代表作，设计思想由对博物馆收藏、研究、展示的功能实现，扩展到对于文化场所的整体思考，对博物馆建筑现代化、民族化做出了有益的探索。这一时期，还有一些博物馆以民族传统建筑形式作为基本格调，例如 1988 年奠基的南阳汉画馆、1990 年建成的唐华清宫御汤遗址博物馆、1993 年扩建竣工的浙江省博物馆新馆、1995 年开工建设的潍坊市博物馆、1997

年建成的汕头市博物馆新馆、1999落成开放的西藏博物馆等。

象征性手法是古今中外建筑设计中常用的手法，也是这一时期博物馆建筑设计者所热衷运用的手法之一。1989年建成的潍坊风筝博物馆，其建筑造型模仿潍坊龙头蜈蚣风筝。1989年开放的西汉南越王墓博物馆整体布局以古墓为中心，古墓上盖覆斗形钢架玻璃防护棚，象征汉代帝王陵墓覆斗型封土。1991年建成的沈阳“九·一八事变”陈列馆，建筑取形于台历的造型，正面后倾，底面三分之一埋于地下，墙上弹痕累累，犹如一座城门的废墟。1993年建成的自贡彩灯博物馆，其主体建筑造型犹如放大了的彩灯。1995年建成的上海博物馆，建筑造型采取中轴对称，平视如中国古代的青铜宝鼎，俯视则上圆下方寓意“天圆地方”，展示一种天地均衡之美，实现了博物馆建筑的实用性与观赏性的有机结合。

改革开放以后，除了国际上各种建筑理论被大量引入我国博物馆建筑设计领域之外，一些海外或外国建筑师的博物馆建筑设计作品也频频在国内出现。1986年落成的北京大学赛克勒考古与艺术博物馆的建设，得益于著名收藏家A.M.赛克勒（A.M.Sackler）的慷慨捐赠，对建筑形体低调处理，且与周边已有传统建筑形式协调，以避免对燕园的古典景致造成影响。同时，博物馆建筑采用典型院落空间布局，体现中国传统建筑的精髓。观众在整个参观线路上，都可以从向心的槅窗，获得放置有太湖石的庭院的陪伴，带给观众安静沉稳的参观体验，与馆内的文物展品气质相得益彰。

中国哲学中的“天人合一”思想，是人类社会最早的自然观和生态观。今天，一些历史性城市在经济社会快速发展的同时，各类建设活动与自然环境保持和谐关系，体现出独具的文化特色。从“建筑是石头的史书”“建筑是凝固的音乐”等对建筑的比喻中，人们可以发现，建筑本身就是人类文化的一种表现形式，用建筑表现文化一直是社会的共识。1994 年建成的敦煌石窟文物保护研究陈列中心位于戈壁沙漠，与莫高窟遥遥相望，为了不破坏大漠风光和文化景观，选择了高 5 ~ 6 米的平缓沙丘作建设用地，并把 2 层高的陈列中心的大部分埋入沙漠之中，使建筑与环境、地形融为一体，并且能保证地下空间具有良好的封闭及节能效果，以适应沙漠地区的特殊气候条件。

法国巴黎蓬皮杜艺术中心

自法兰西第五共和国成立以来，几乎每一位法国总统都会在其任内启动至少一项影响颇为深远的大型文化工程建设。伴随这些大型文化工程项目的相继落成，往往赞誉和争议也随之而来。蓬皮杜现代艺术中心的建造，正经历战后重建的繁荣时期，这一项目的确立无疑是出于对振兴城市历史城区的考虑。蓬皮杜总统认为巴黎已经有了一座卢浮宫，但是还缺少一座现代艺术中心，即“在衰败的波布高地需要一个能够带动地区焕发活力的建筑，希望它能在波布和中央市场之间形成一个艺术和文化区域。”蓬皮杜现代艺术中心自动工之日起，质疑便一直没有停止过，引起是在“建设巴黎”，还是“毁灭巴黎”的争论，关于“是否应该在城市中心位置建造如此有个性的现代建筑”的争论甚至今天还在继续①。

20世纪90年代出现的众多博物馆建筑中，位于西班牙北部城市毕尔巴鄂的古根海姆博物馆无疑格外引人注目。美国建筑师F.O.盖里(F.O.Gehry)设计的这座博物馆建筑，于1997年正式落成启用，从与公众见面开始，就成为世界媒体关注的焦点，成为西班牙的文化地标。它以新奇的造型、特异的结构和新型的材料举世瞩目。整个建筑由流畅的双曲面块穿插组合，建筑表面由钛金属贴片拼贴而成，随着河水与光线的变化展现出丰富的景观效果。几年后，世界建筑界评价毕尔巴鄂古根海姆博物馆“属于最伟大之列，与悉尼歌剧院一样，它们都属于未来的建筑提前降临人世，属于不是用凡间语言写就的城市诗篇”。

毕尔巴鄂古根海姆博物馆以其独特的魅力，激发了一座城市的活力，演绎了“毕尔巴鄂效应”的城市发展传奇②。 之所以称为“传奇”，在于此前人们没有想到，一座博物馆具有如此巨大的文化潜力。这座“如同火焰在燃烧”的博物馆建筑所展示出的文化力量，竟然使毕尔巴鄂脱胎换骨，变成一座充满魅力的文化城市，产生令人瞩目的综合效益。古根海姆博物馆落成后第一年，就吸引了136万人来到这座人口仅35万的城市参观，其中84%的人都是为这座独具特色的博物馆而来，由参观博物馆所带来的相关收入，占城市财政收入的20%以上。

① 中国驻法使馆文化处供稿:《法国历史博物馆:“总统工程”难落户》，载《中国文化报》，2010-06-15(3)。
② 朱永安:《一个馆可以改变一座城》，载《中国文化报》，2010-08-03(10)。

（四）博物馆建筑文化的创新实践

新的世纪，我国迎来了博物馆建设新的高潮，全国各地、各行业相继新建、扩建和改建博物馆。一方面，经过 40 ~ 50 年的使用，大多数建设于中华人民共和国成立初期的省级博物馆，都出现了与发挥博物馆功能和满足民众文化需求不相适应的状况，于是各省、自治区、直辖市纷纷进行省级综合性博物馆的新建或改建工程，建设目标直指现代化大型博物馆，例如近年来四川博物馆新馆、内蒙古自治区博物馆、广东省博物馆、山东省博物馆、广西民族博物馆、浙江自然博物馆新馆等省级博物馆相继竣工开放；云南省博物馆、河北省博物馆、湖南省博物馆、南京博物院的改扩建工程正在进行之中。每年都有一批博物馆开始筹建、一批博物馆正在建设、一批博物馆建成开放，几乎所有的省级博物馆都经历了或者正在经历新建、扩建和升级改造。

广西民族博物馆

另一方面，地市级和一些县级博物馆建设也进入了快速发展时期，纷纷被各级政府列入重点文化建设项目，得到从政策到资金方面的有力支持，带动全国博物馆建设呈现“方兴未艾”的态势。例如浙江省除杭州市内的各类博物馆建设外，各市、县也掀起建设博物馆的高潮，温州、湖州、宁波、嘉兴、衢州等中心城市相继改建或新建了综合性博物馆[①]。同时，中国文字博物馆、中国妇女儿童博物馆、中国科技馆新馆、中国农业博物馆新馆、中国航空博物馆新馆等国家级博物馆的新建或改扩建工程，先后竣工并向社会开放。

2002年7月，吴良镛教授为张謇先生创办的我国第一座博物馆百年庆典工程作新馆设计。南通博物苑原址占地7.2公顷，其中北部2.5公顷为全国重点文物保护单位的核心保护区。因此，保护历史环境成为新馆建筑设计构思的前提。同时，博物馆位于濠河岸边，需要处理好与濠河的关系，既能从濠河上领略博物馆的建筑美，又能在建筑群中最大限度地领略自然环境美，也是设计的重要要求。为此在新馆选址和规划布局方面，既避开旧馆，又不截然分开，新、老建筑巧为结合，浑然一体。在总体原则方面，突出两条南北向轴线，一为原有旧馆的北馆—中馆—南馆，作为东轴线，一为濠南别业轴线向南延伸，作为新馆的建筑中轴线。这样新老建筑互为交织，相得益彰。

苏州博物馆新馆由美籍华人贝聿铭设计，采用传统庭院和园林的要素，以及假山、池水、曲桥、亭台、漏窗、松竹等传统符号，“古韵悠悠的苏州城是唐诗的故土，宋词的家乡；苏州园林的飞檐翘角，是吴门烟水的最佳载体”。因此，苏州博物馆新馆建筑不与周围

① 杨建新：《博物馆：浙江公共文化服务体系的重要环节》，载《国际博物馆》，2006（2），112页。

历史环境和文物建筑争高，避免体量和造型过于粗重高大，灰白色调与粉墙黛瓦相协调，体现出轻巧、灵便、精致的特征，与相邻的世界文化遗产拙政园，既浑然一体又相互借景、彼此辉映；既符合历史建筑环境的要求，又具有相对独立性。

江苏苏州博物馆

宁波博物馆建筑倡导的是一种新乡土主义的风格。馆舍的外墙由“瓦爿墙”和“竹条模版混凝土”混合构建而成。“瓦爿墙”使用了上百万块宁波城市房屋拆迁中回收的历代旧砖瓦，主要有青砖、龙骨砖、瓦，还有打碎的缸片，年代多为明清至民国期间，经50余名工匠历时200余天的手工砌筑，为博物馆“披”上了一件纹理清晰、式样别致的外衣，也“将宁波历史砌进了博物馆建筑”。“而‘竹条模版混凝土’把竹子纹理留在外墙上，更突显了江南人文中的自然清新风格，无疑比用大理石、外墙漆更节约、更环保，也更有情调”[①]。 由于宁波博物馆在馆舍建筑中大量使用当地材料，表现

① 崔波：《与君初相识 犹如故人归——中国博物馆建筑感怀兼论宁波博物馆建筑》，载《浙东文化》，2008（1），51页。

出因地制宜的特色，在整体风格上与周边环境相融合，具有浓郁的地域风情。

2006 年 2 月，江宁织造府博物馆开工建设。在吴良镛教授看来，“现在所进行的江宁织造府博物馆建筑设计，应该将这些历史背景、建筑功能、艺术表现、建筑造型有机地统一起来，进行整体的创造，以体现这座建筑的独特意境”。江宁织造府博物馆占地面积 1.8 公顷，建筑面积 3.5 万平方米。在造型方面，博物馆建筑北高南低，其形体的轮廓呈现“山水立轴”的整体空间意象，林木花草与山石点缀在建筑与湖池之中，构成一组“都市盆景”。通过屋顶绿化平台，为城市和市民提供了全新的城市公共开放空间。“相信江宁织造府博物馆应该能够成为南京市的一座新地标，负载深沉丰厚的历史，以简率现代、清淡素朴的姿态，置身于闹市繁尘之中，却能绿意盎然、光彩照人，引人入胜”[①]。

2008 年对外开放的良渚博物院，在建设之初就摒弃过分追求博物馆建筑外观造型、刻意追求建筑象征性的思路，而强调建筑功能和空间的适应性和适宜性。建筑设计采用“一把良渚玉锥撒落在大地上”的理念，着眼于环境的紧密结合和良渚文化元素的有机融入。建筑外墙全部用黄洞石砌成，远看犹如玉质般浑然一体，具有精致、大气、厚重、简洁的特点，并与周边环境形成强烈视觉对比。同时，通过恰当的造园手段，使内外空间自然过渡，内景外景互相呼应。在每个长条形建筑物的内部安排有内庭院，内庭院设水面并种植花草树木，采用天然采光，这些内庭院既是参观环路的一部分，又是连接各展区的过渡，形成外部错落有致、内部互联互通的空间形态。

广东海上丝绸之路博物馆的设计创意，紧扣海的主题，功能、

① 吴良镛：《“都市盆景”与“红楼丰碑”——南京“江宁织造府博物馆”的工程故事与前瞻》。

结构、形式、文化内涵方面力求协调统一，建筑造型呈现五个不规则的大小椭圆体，连环相扣，远远望去犹如大海边的起伏海浪，通过简洁、大气，且富有张力的设计，辉映出“海上敦煌”的繁荣历史。在南海海底沉睡了800多年的“南海Ⅰ号”如今作为镇馆之宝，安放在二号展区的“水晶宫”里，展厅内形成注满海水的水池，将“南海Ⅰ号”浸泡其中，以海水为介质，通过模仿沉船的沉没环境对“南海Ⅰ号”进行水体保护。

中国国家博物馆的建设格外引人注目。最初的争论在于是将原有建筑全部拆除后新建，还是在保留原有建筑的基础上进行扩建。所幸经过专家们的呼吁，最终选择保留了北面、西面和南面的建筑立面和外侧建筑的方案，使原有馆舍的历史信息和建筑形象得以保护。虽然在现有博物馆附近新建国家博物馆的长远规划未能实现，但是这种保留外部立面，内部实施改建、扩建的做法，在国际上也比较普遍。“这更多的是一种价值观和态度的问题，让建筑更具有生命感，把不同历史时期建筑的信息都展现出来，让你感受到一种传承和生长。”[①] 同时，改扩建方案设计注重了与原建筑风格保持协调一致。

2003年6月，埃及政府向全世界公布了埃及国家大博物馆的建筑设计方案，博物馆位于著名的吉萨金字塔以北约2公里处，未来将容纳10万件馆藏文物。建筑设计方案从城市设计的角度，将博物馆看作是由城市转向金字塔区域的标志，即将金字塔与开罗之间的区域全部纳入视野。通过博物馆“将金字塔与开罗之间的空地变成了具有雕塑感的空间”，一望无垠的沙滩中，简洁优雅的楔形形体极富力度感，将金字塔与开罗城、历史与未来紧紧相连，三角形的母

① 张际达：《从新国博看建筑如何承载文化》，载《中国建设报》，2011-04-12（4）。

题与呈射线分布的轴线关系，抓住了金字塔文化的表象特征，向历史与环境表达了最高的敬意，充分满足了在时间与空间上“建立一种美学关系”的要求[①]。

由于西方在科学、经济以及社会制度方面的强势影响，西方建筑以直接或间接的方式，对世界各国的建筑产生了巨大的影响。“在20世纪30年代，西方所谓‘国际式’建筑思潮兴起时，就有人针锋相对地提出了‘地域建筑形式’的主张。此后两种论争此起彼伏直到今天”[②]。进入新的世纪，为了吸引更多参观者，国际上出现一些超现代的博物馆建筑，在建筑设计上采用极其夸张的手法。例如Z.哈地特（Z.Hadid）在罗马的二十一世纪艺术国家博物馆，D.利伯斯肯特（D.Libeskind）的丹佛艺术博物馆扩建项目，C.韩姆布路（C.Himmelb（l）au）在里昂的汇流博物馆等。这些建筑师都以前卫的建筑风格闻名于世，“设计极尽天马行空，视觉上超越世纪”，一些地方邀请他们设计博物馆，就是要博物馆成为城市标志，起到吸引更多游客的作用。

坐落于奥地利格拉茨市穆尔河畔的现代美术馆为英国建筑师P.库克（P.Cook）的作品。整个建筑以蓝色的塑料玻璃拼贴而成，属于典型的流体建筑，即外形呈流线型或有机物形状的现代建筑。被当地人称为“友善的外星人”的这座造型怪异的超现实主义建筑与格拉茨红顶尖塔的古堡、钟楼形成了强烈的反差，成为该市的标志景观[③]。然而，对博物馆的新设计也有人持保留态度，认为除了长期的财政负担外，还要顾及建筑与展品的关系。也就是说，博物

① 张谨：《沙漠中的宝石——记埃及国家大博物馆》，载《世界建筑》，2004（7），66页。
② 吴良镛：《岭南建筑科学文化的价值》，见《岭南近现代优秀建筑》，序，北京，中国建筑工业出版社，2010。
③《奥地利格拉茨现代美术馆》，载《中国建设报》，2011-07-11（4）。

馆建筑如喧宾夺主，便会使展品失色。博物馆的建筑设计，也要考虑日后的运营问题，不能一味追求设计，追求吸引。

备受关注的希腊新卫城博物馆在历经了30年的规划建设后，于2009年6月正式对公众开放。博物馆与帕提农神庙的直线距离仅350米，这一距离对于博物馆建筑设计是巨大考验，而更为困难的是，不能伤害博物馆施工后新发现的古希腊村落遗址，并使其纳入博物馆陈列。新卫城博物馆建筑由底层、中层和顶层3个结构块层叠。底层有可以直接看到考古遗址现场的通透玻璃地面；中层展示空间，安排了独特的展览方式，大多数展品具有独立展位，人们可以全方位地参观展品，实现参观者与艺术品的近距离对话；顶层是以“帕提农”命名的长方形长廊，人们在长廊中具有360度的视野，展示长达160米的帕提农神庙的大理石浮雕，并完全按照原状复原，展品全部陈列在自然光线之下，古代神庙和现代城市通过环绕的玻璃外墙尽收眼底。

希腊雅典卫城博物馆

二、博物馆建设存在问题

近年来，大规模的博物馆集中建设，有效改善了博物馆的基础设施和文化面貌。但是在博物馆建设中也存在诸多令人忧虑的问题。归纳起来包括重数量发展，轻质量提升；重领导意志，轻科学论证；重施工营造，轻使用要求；重重点项目，轻基层改善；重建设速度，轻功能保障；重馆舍规模，轻长远发展；重新奇造型，轻地方特色；重建筑工程，轻陈列展览；重硬件投入，轻管理支撑；重表面文章，轻人文精神等，这些问题的存在，严重影响了博物馆社会作用的有效发挥。

（一）重数量发展，轻质量提升

当前，博物馆热辐射到社会各个领域，不少城市增加了在博物馆建设方面的投入力度，甚至将博物馆作为地方文化名片加以“打造”。于是大兴土木，急欲通过建造更多“地标性建筑”的博物馆，来表现文化发展，张扬经济成果。但是，一座城市能否在短期内集中建设数量众多的博物馆，在短期内大规模建设的博物馆在质量方面能否达到应有标准、能否保证正常运营。对此，人们心存疑问。有的城市甚至提出“采取先挂牌运行、再规范发展、重点培养的方式”，有明显“操之过急”之嫌，效果有待实践检验。

2009 年 10 月，《中国文化报》在“建设博物馆之城是不是大跃进”一文中指出，“在每年巨大的运营成本和较少的收入压力中，此类长期无人问津的博物馆生存状况堪忧”[①]。 事实上，博物馆建设工程是一项复杂的系统工程，不仅涉及面广，而且专业性强。博物馆建设不能凑数量、赶进度、走形式、图场面。如果仅以城市决策

① 乔欣：《建设博物馆之城是不是大跃进》，载《中国文化报》，2009-10-27（8）。

者的主观意志为转移，寄希望于在短短3～5年内，“打造”拥有上百座博物馆的“博物馆之城”，在人力、物力、财力的需求方面难度之大，可想而知。

（二）重领导意志，轻科学论证

新一轮博物馆建设高潮的动力，在很大程度上来自于城市政府的积极性，同时，城市政府往往赋予博物馆建筑以多方面的期待，除传统的博物馆功能之外，还希望博物馆建筑能够成为彰显政绩的文化地标。一些城市认为博物馆建筑要有气派，才能体现出本届政府对于文化事业的重视。因此，博物馆建设项目成为当地政府的重点工程，受到城市决策者的高度关注，亲自审查和确定建筑设计方案。在博物馆建筑设计和陈列展览设计中，强加“长官意志”，严重影响博物馆业主方和专业设计人员的思路，扼杀了不少创意理念。

由于在建设之前，没有对博物馆的功能定位、展览主题以及日常运营等方面进行充分论证，在建设过程中，用行政命令取代正常的专业规范和应遵循的科学程序，结果造成博物馆建成以后不能发挥应有的社会作用，不仅浪费了大量建设资金，而且有损博物馆的社会形象。大量博物馆建设的实践表明，行政的过分介入，使不少建筑师一直在看领导的脸色进行设计。凡是政府领导干预过多的博物馆建设工程，问题往往就多；反之，由博物馆业主主导的博物馆建设工程，情况就会好得多。

（三）重施工营造，轻使用要求

近年来，一些地方博物馆建设采取委托代建方式，实施所谓“交钥匙”工程，即将博物馆建设视为普通公共建筑，或由各相关部门的人员组建临时代建机构，或依照行政命令由工程建设部门主持建设，或直接委托政府下属的投资公司代为建设，建成后再交给博物馆业主使用。但是，由于工程建设部门不了解博物馆建筑功能的需求，而博物馆业主又往往在“交钥匙”之前没有话语权，结果导致建设与使用需求脱节，博物馆在竣工后不能满足使用的需要。同时，这些由建筑施工企业主导的博物馆建设，不可避免出现严重的质量问题。

例如在博物馆室内工程招标中，忽视博物馆陈列展览工程的特点和要求，致使一些根本没有做过博物馆陈列展览工程的装潢装修公司也加入了投标的行列，盲目承接项目，严重影响博物馆工程的质量与效果；有的企业暴露利益最大化的经营思想，盲目压缩供货方的正常采购费用，导致采购产品不能保证质量；有的企业转包工程项目，层层扣减管理费用和利润，最终将造成的资金缺口转嫁到工程施工质量上；有的企业违背行业规范，允许不合格的施工队伍挂靠经营，收取违规的管理费用等。

（四）重重点项目，轻基层改善

20个世纪90年代以来，随着我国城市化进程的加快，建筑业迎来前所未有的发展高峰。但是，大多数城市建设都是在拆了建、建了拆的怪圈中反复，在这一过程中，博物馆建筑也未能幸免，一些建成不过几十年甚至仅有十几年的博物馆，就在爆破实施中轰然倒塌，结束其原本可以长久存续的生命。但是，在各省级和重点市级的大型博物馆建设资金和经费投入持续增长的同时，广大中小博物馆建设与维护资金则十分短缺，形成鲜明对照。尤其是经济欠发达地区，不仅缺少博物馆的建设资金，而且缺少博物馆的正常运营和管理经费。

不少地方现有博物馆馆舍长年失修，设施简陋，陈列陈旧，日常维持十分艰难。“联想到现在动辄上千万元的大制作，对于许多中小博物馆来说，它们的一个展览所用的经费，可以顶得上几十家甚至上百家小博物馆展览经费的总和”。“那些身处经济欠发达地区而本身又没有什么特色的普通中小博物馆。只能用一两万元钱甚至几千块钱办一个展览的博物馆，并不在少数”[①]。调查表明，大多数地县级博物馆，展览面积不过1000～2000平方米，更有1/5的博物馆展览面积在500平方米以下，难以发挥博物馆应有的社会教育职能。

（五）重建设速度，轻功能保障

由于一些博物馆不重视前期策划和规划设计，在可行性论证不充分，准备条件不成熟的情况下仓促上马；在建设的过程中又缺少时间保障，一旦领导做出决定，就要求速战速决，或要求赶在本届领导任期之内建成开馆，或要求赶在某个重要的节日庆典来临之前建成开馆，或要求赶在某位领导参加剪彩的日子之前建成开馆，人为规定竣工时间。为了服从行政命令，博物馆业主方和施工方不惜违背博物馆的正常建设规律，按照非常规程序和进度运作，盲目追求建设速度，全然不顾应遵循的合理工期，甚至一再要求提前竣工。

在博物馆建筑设计阶段，往往建筑方案的设计周期设置过短，有时甚至只有1～2个月，由于时间要求紧迫，建筑设计人员没有时间深入观察不同地域文化特色，甚至连建设场地也来不及详细勘查，就匆匆拿出设计方案，致使建筑设计草率而粗糙。同时，没有充足的深化设计时间，施工设计尚未完成就催促匆忙进入施工阶段，人为压缩工期，结果造成博物馆建设质量存在严重问题，而且随着时间的推移这些缺陷不断显现，导致博物馆长期承受急功近利行为

① 李文昌：《中小博物馆展示与开放基本情况调查》，见《博物馆观察——博物馆展示宣传与社会服务工作调查研究》，69页，北京，学苑出版社，2005。

所造成的恶果，从一开始就给博物馆的可持续发展埋下了隐患。

（六）重馆舍规模，轻长远发展

当前，高投入、高标准成为博物馆建设的一个特点。一些城市在博物馆建设过程中，存在着盲目跟风、贪大求新的倾向，看到其他省、市建设大型现代化博物馆，就想方设法建设面积更大、规模更气派的博物馆，由于这种攀比心理作祟，在博物馆建设规模上，不顾当地经济社会发展水平和财政实力，也不顾博物馆的藏品数量和实际使用需求，不惜投入巨资，动辄上亿元，甚至十几亿元，攀大比新，追求轰动效应，却较少考虑今后的可持续利用，结果造成材料、资金的浪费，堪称劳民伤财。

同时，一些设计单位为了迎合业主求新、求大的心理，不顾国情、市情，片面追求规模和档次，本来可以采用简洁明快的博物馆设计方案，却人为搞得异常复杂，人为增加施工安装难度，仿佛只有复杂的造型才能显示出建筑设计水平，导致博物馆建设浪费大量建筑材料和建设资金，盲目提高工程造价，违背经济、实用、美观的建筑设计原则，结果使一些博物馆建筑空间大量浪费，造成能源耗费巨大，日常营运不堪重负，自然经不起时间的检验。同时，一些博物馆盲目追求所谓“大制作”陈列展览，也使博物馆运行经费大幅增加。

（七）重新奇造型，轻地方特色

目前，在建筑领域“时装风”“克隆风”盛行，一些地方政府和建设单位在建筑形式上盲目追求新、奇、特、怪、洋，认为在设计方案招投标中有外国设计公司参与才有水准，一味追求“时尚”的异样形体，片面营造视觉冲击。在这一背景下，一些博物馆建筑设计将更多的工夫放在外观造型上，强加上一些与功能结构完全无关的造型，认为高层钢结构、大规模玻璃幕墙才是现代博物馆不可缺少的重要元素，使建筑设计华而不实，给博物馆建筑结构带来潜在隐患，建成后难以维修和保洁，增加了使用成本，忽略安全、环保等建筑基本要求。

同时，一些博物馆建筑刻意表达所谓象征性，设计出许多观众根本感觉不到，无法体会，也没有实际意义的所谓仿器物的建筑形式，在某种程度上造成建筑空间浪费；一些博物馆将所谓流行的建筑模式，引入到位于不同环境的博物馆设计之中，或拼凑、或嫁接、或抄袭，造成各地博物馆建筑设计的相似和雷同，使博物馆建筑变得同质化、模式化，也使城市的原有肌理、建筑风格受到严重的侵蚀，逐渐失去地方性和家乡感。一些地方博物馆建设盲目模仿国家或省级大型博物馆的形式，而忽视地方博物馆应体现的地域文化特色。

（八）重建筑工程，轻陈列展览

由于博物馆业主方与建筑设计方和施工方沟通不畅，博物馆建筑功能面临的问题，往往集中在建筑内部空间布局和分配的不尽合理。一方面，博物馆业主方不能向建筑设计方提供更为详细的信息，另一方面，建筑设计方对博物馆业主方的需求倾听不够。有些建筑师出于个人的喜好，片面追求空间形体变化，将博物馆的建筑内部空间设计成圆形、三角形、梯形、多边形甚至球形等异型空间，虽然丰富了形体，但是牺牲了功能，造成空间的浪费，将本应连贯的室内空间，人为加以切割，既不实用，也不美观。

博物馆建筑的室内空间，应充分考虑陈列展览的内容设计、形式设计。但是一些博物馆在建设过程中，不遵守博物馆建设的科学程序和规范管理要求，造成先建造博物馆建筑，后考虑陈列展览，陈列展览大纲往往产生于建筑设计之后，严重滞后于实际需要，而建筑一旦竣工就难以改变，博物馆陈列展览只能被迫适应，不仅严重影响博物馆日后业务活动的展开，而且使博物馆陈列展示的空间布局、结构安排、参观流线、采光照明等各项功能受到制约。同时，一些博物馆把建设资金大量用在馆舍建筑上，而对于陈列展览经费的预算却捉襟见肘。

（九）重硬件投入，轻管理支撑

博物馆建筑具有独特的功能和职能，但是往往在项目论证、规划设计阶段，忽视博物馆建筑的特殊性，普遍存在博物馆建设就是建造博物馆建筑的错误认识。不少博物馆在开工建设之前，没有对博物馆的使用功能以及建成后的正常运营，进行充分的论证，更没有考虑建成后的博物馆采取何种管理体制、需要多少部门、多少员工、多少运行经费等，导致虽然博物馆的躯壳被建造起来，但是在使用方面往往不尽如人意。甚至出现博物馆建筑获奖，而博物馆功能难以发挥的奇怪现象。

一些博物馆过分强调馆舍的豪华和气派，追求设备的时尚和高档，大量建设资金集中用于建筑安装工程，不少博物馆的设施设备采用国际先进标准，硬件装备完全可以与当今发达国家的博物馆水平相媲美，然而在对建筑形式格外关注的同时，对更为重要的使用功能则缺乏深思熟虑的思考。例如由于没有充分考虑文物藏品、展品对建筑的要求，缺少预留发展空间；由于服务观众设施不配套，公众停车场、公共卫生间等严重不足，导致开馆以后博物馆建筑功能适应性差，相关设施不配套。

（十）重表面文章，轻人文精神

目前博物馆馆舍规模越来越大，设施越来越先进，但是社会服务的理念、模式、机制却相对滞后，忽视科学运营机制的建立和人性化服务制度的完善。例如博物馆展厅往往选择密闭空间，甚至将现代化陈列展览等同于封闭式“黑暗展厅”，无论展示主题如何均依靠灯光照明，结果造成设计手法千篇一律，观众在较长的参观过程中与外界环境隔绝，容易产生视觉疲劳。同时，博物馆内部管理缺乏时代精神和创新意识，存在重硬件建设，而轻公众服务的倾向，博物馆的社会职能作用未能得到充分发挥。

近年来，纪念馆建设中也出现了一种值得注意的现象，在改扩建工程、陈列展览更新工程、周边环境整治工程和历史建筑保护维修工程中，由于缺乏对于历史信息保护的正确理念，纪念性设施越来越气派，陈列展览内容“大而全”，展示技术不断追求“声、光、电”的应用，特别是在环境整治工程中，动辄征地几百亩，财政投入数千万、甚至上亿元，但是，通过一系列美化、绿化、亮化的实施，建筑原貌变得真真假假，周边环境变得似是而非，改变了当年的历史环境和岁月痕迹，逐步丧失了历史记忆的真实性[①]。

日前，国家有关部门联合发布的《关于加强大型公共建筑工程建设管理的若干意见》指出，“当前一些大型公共建筑[②] 工程，特别是政府投资为主的工程建设中还存在着一些亟待解决的问题，主要是一些地方不顾国情和财力，热衷于搞不切实际的“政绩工程”“形象工程”；不注重节约资源能源，占用土地过多；一些建筑片面追求外形，忽视使用功能、内在品质与经济合理等内涵要求，忽视城市地方特色和历史文化，忽视与自然环境的协调，甚至存在安全隐患”。

陆建松教授曾撰文指出当前我国博物馆建设存在的九大弊端和误

① 黄新发：《建筑因文化而恒久》，载《建筑与文化》，2004（1），35页。
② 大型公共建筑一般指建筑面积2万平方米以上的办公建筑、商业建筑、旅游建筑、科教文卫建筑、通信建筑以及交通运输用房。

区。他认为："各地博物馆建设中之所以存在上述令人忧虑的弊端和误区，究其主要原因，一是博物馆建造往往受到'长官意志'或'行政命令'的左右，政府领导说了算；二是受'政绩观念'的影响，急功近利。与其说建造博物馆是为了满足老百姓的精神文化需求，倒不如说是为了一届政府的'政绩'；三是博物馆筹建方不懂得博物馆建设的科学程序和管理要求，不能按博物馆建造的客观规律办事"[①②]。

三、博物馆建筑文化理念

随着我国综合国力的持续增强和民众精神文化生活需求的日益增长，今后数十年，仍将是博物馆事业发展的黄金时期，也必然是博物馆建设的高峰时期。为了使每一座博物馆的建设质量得到保证，对于当前博物馆建设中出现的诸多问题必须给予关注，使博物馆建筑回归城市理想、回归历史责任、回归永恒价值、回归文化特征、回归科学精神、回归社会期待、回归生态理念、回归服务职能，使博物馆建筑真正实现为社会和社会发展服务的目标。

（一）博物馆建筑与城市理想

每座城市都有属于自己的独特建筑，这是城市创造力和城市精神的表现。建筑是人的反映，也是社会的反映，有什么样的人，什么样的社会，就会有什么样的建筑，什么样的城市。城市建筑也是人们生活与工作态度的反映。人们在建筑中寄托着希望和理想，用建筑提升城市的文化品位。历史建筑见证了城市和社会的发展，如果没有历史上留存下来的建筑，历史就不会如此栩栩如生[③]。博物馆建筑不是时装，时装可以在流行过后被丢失，而博物馆建筑一旦

① 陆建松：《侃谈当前中国博物馆建设的九大弊端和误区》，载《中国文物报》，2006-03-31（6）。
② 陆建松：《侃谈当前中国博物馆建设的九大弊端和误区》，载《中国文物报》，2006-03-31（6）。
③ 郑时龄：《建筑应使城市更美好》，载《光明日报》，2010-07-28（6）。

建成，就应该存留几十年甚至几百年，未来世代将从这些博物馆建筑中了解 21 世纪博物馆人的理想和建筑师的抱负。因此，博物馆建筑设计应是建筑师对于未来建筑的设想、计划、构思，是使思维产品变成现实的过程，是建筑师思想升华的结果。

目前，在建筑设计市场空前繁忙的时期，很多建筑师忙于承揽设计业务、忙于经济效益回报，却缺少对真实生活的感受，忘记城市的文化追求，甚至为“政绩工程”“形象工程”等短见行为推波助澜。吴良镛教授指出，“20 世纪，经济环境深深影响了建筑师的创作观念，经济原则成为现代建筑的一个重要美学原则，它推动了建筑向预制化、标准化的方向发展。建筑开始了规模化生产，追求快速、低成本，使建筑失去了个性，建筑的面孔开始千篇一律”。“在这令人眼花缭乱的建设中，尽管各方面成绩很大，原有城市的特色却在逐渐消失。宜人的环境，十分满意的优秀作品，并不多见，这是当今普遍存在的问题”[①]。

随着建筑市场的蓬勃发展，我国的建筑设计已经发生质的跨越，立面丰富、色彩斑斓、造型各异的高层建筑物和大规模建筑群星罗棋布。然而，一个不争的事实是，尽管我国每年的建筑面积增加量达到数亿平方米，但是真正使人们印象深刻，能发自内心喜爱的建筑却并不多见。这一现象引发人们的深思，“当代建筑能为后世留下多少值得称道的文化遗产？”在此情势下，保存城市记忆，维护城市特色，应该成为城市文化建设的基本职能，也应该成为博物馆建设的重要责任。博物馆建筑代表着人们对环境、对未来的态度，反映出一座城市，乃至一个民族、一个国家的价值观，同时博物馆建筑又是时代的产物，应该成为文化的里程碑，代表进步的力量。

① 吴良镛：《建筑文化与地区建筑学》，载《建筑与文化》，2004（2），7 页。

在我国，博物馆建筑应走中国特色的道路，在实现现代化的同时，应突出民族优秀传统与地域文化特色，而不是盲目地求新、求奇、求特、求怪、求洋，关键是与现代经济社会紧密结合的同时，不能忘记自己的文化血脉。崔恺先生表达了他对中国建筑文化的态度，“我希望在本土文化回归的过程中，要走创新的路，要表达我们这一代人对民族文化的思考和尊重，要让中国建筑文化的发展史在我们手中写下去”[①]。 博物馆建筑在城市形象中往往独具一格，展现着一定时期的文化特征，代表着一定地域的审美特性，其中一些博物馆建筑已经成为所在城市的标志性建筑，例如具有辽代建筑风格的南京博物馆、具有秦汉宫苑气势的陕西省历史博物馆、具有青铜宝鼎造型的上海博物馆等，这些博物馆建筑展现出得天独厚的中华文化风采[②]。

海南有着与内地其他省份迥然不同的热带风情，“蓝天白云、椰风海韵”构成了一幅幅绚丽多姿的优美画卷。因此，海南省博物馆在设计上引入“浮游之岛”的概念，阳光大厅、水景庭院、热带园林等，与展览空间和谐共生，穿过厚重的墙体将室外景观空间引入到博物馆建筑中来，营造出宁静沉稳、高雅清新、文化气息浓重的氛围。建成后的海南省博物馆，三条间接的矩形体量平行展开，水面穿插其中，水体与建筑实体互为映衬。博物馆内陈列展览，通过特色馆藏文物，采用生动、互动、趣味的方式，再现海南历史风貌、民族风情和自然风光。2008 年 4 月，在纪念海南省建设经济特区 20 周年的“十大建设项目”评选活动中，经过广大民众踊跃投票，海南省博物馆以其沉稳、高雅、清新的建筑风格获选，由此可以看出人们对这座建筑的喜爱[③]。

---

① 吴京辉、崔恺:《离开了大屋顶、四合院，我们还会表达建筑文化吗？》，载《中国不动产》。
② 崔波：《与君初相识犹如故人归》，载《中国文物报》，2008-06-13（6）。
③ 崔波：《琼崖文化的新风标》，载《中国文物报》，2008-12-05（6）。

海南省博物馆

我国城市正处于高速发展过程之中，大量存在的平庸和形态相似的建筑物，使得“千城一面”的城市发展问题日益严重。因此，着力培育新的地标性建筑，具有文化进步意义，也符合城市建设的基本规律。地标性建筑应能在人们长久的日常生活中，潜移默化地产生价值认同感，实现人、建筑与环境三者之间的互动与激励，形成良性循环，孕育场所精神，产生情感依赖。地标性建筑可以宏伟高大，也可以平缓疏朗；可以是一座建筑，也可以是一组建筑群。好的城市地标性建筑不一定有多么大的规模，有多么高的体量，有多么炫目的外观，而在于必须使广大民众产生强烈的归属感，能够认同其内在精神价值。

目前，每年都有上百座新建或改扩建的博物馆相继开工，相继竣工，这是令人鼓舞的发展形势，兴奋之余，还应冷静观察和理性思考。30余年间，我国新建的数以千计的博物馆建筑中，有多少能够真正融入公众的记忆，成为不朽的经典。博物馆建设的根本目的不在于成为地标性建筑，而在于拥有独具特色的文化底蕴。只有将博物馆建筑与社会发展、自然环境、历史风貌融合在一起，跳出所谓的“打造”地标性建筑情节，博物馆才能真正成为人们尊重并喜爱的“精神的家园”“文化的绿洲”和“城市的客厅”。因此，一座博物馆建筑既不能只凭长官意志来建造，也不能由建筑师的兴趣所决定，社会公众的愿望一定要得到重视。

吴良镛教授认为博物馆建筑设计，通过馆舍建筑的物质环境，在满足建筑功能的同时，必须要表述“历史背景”“艺术表现”和“建筑造型”等方面的意图，即“必须要解决的三个难题——历史难题、艺术难题和建筑难题”[①]。 江宁织造府博物馆的设计方案，前后经过六轮反复修改完善，而后开工建设。使博物馆建筑设计成为基于“历史精神、艺术精神与建筑精神”三项原则的综合体现，把握历史与当代、形式与内容、实体表达与意境营造等关键问题而开展。因此，一座城市的标志性建筑不在于它的高度和体量，而在于能否在身处的环境中显示出独特的气质。今天，判断博物馆的价值越来越多地不是看建筑本身，而是看它能够为城市、为人们的文化生活带来什么。

博物馆建筑是一个时代的反映，当今科学技术日新月异，新材料、新技术、新结构和新工艺广泛应用，新思想、新理念正在改变人们的空间观念和生活模式，使博物馆建筑创作进入一个新的时代。博物馆建筑创作要适应当今时代的特点和要求，要用自己的建筑语言来表现当今时代的设计观念、思维方式和科学技术特征。归根到

① 吴良镛：《南京江宁织造府工程设计的回顾与思考》。

底，应该由时代精神决定博物馆建筑的主流风格。建筑师在构思过程中，应按项目的性质、用途、时间、地点和条件进行统筹考虑，创造出具有丰富文化内涵和鲜明地方特色的作品。同时，博物馆建筑设计与建造是千秋大业，不应追求流行，不应以时尚博取业主欢心，而要对社会与历史负责。

（二）博物馆建筑与历史责任

近年来，虽然人们逐步意识到保护传统文化的重要性，希望在博物馆建筑设计中能够继承和发展传统文化，但是往往对于传统文化的认识和理解过于肤浅，认为中国建筑中的传统文化就是大屋顶、高台阶、红柱子等建筑符号，或沉醉于“手法”“式样”“主义”，而对传统建筑文化中的风格、比例、材料等文化特点较为忽视，使传统文化在博物馆建筑设计中没有得到真正意义的弘扬。“中国建筑在形体上到此已开始呈现庞杂混乱的现象，且已是崇外思想在建筑上表现出来的先声”①。“不同建筑之间没有自己的建筑个性，不同城市之间没有自己的城市特色，不同地域也没有自己的地域特色，整个国家没有自己鲜明的民族特色。这在我国的建筑史上，是无法估量的一个损失”②。

在西方的传统观念里，人工建筑物一直享有面对自然的独立地位，而在我国的文化传统里，建筑只是自然山水中的一部分，自然的地位高于建筑的地位，人们尊重自然，不断学习如何适应自然，并努力使生活回归接近自然的状态。这就要求各类建筑设计，应在自然环境中选择更加谦卑的姿态，在建筑材料方面自觉地选择自然材料，在建造方式方面力图尽可能少的破坏自然。吴良镛教授在设

① 梁思成：《古建序论》，见《梁思成文集（四）》，93页，北京，中国建筑工业出版社，1986。
② 吴焰：《豪华设施，建的起用不起》，载《人民日报》，2007-02-09（11）。

计南通博物苑新馆时，考虑到“旧园及人民公园及南通图书馆部分共有各类树木约500株，新的规划设计中均最大限度予以保留，包括花竹平安馆、迟虚亭、象禽阁、荷花池、国秀坛、谦亭、葫芦池、苑表门等，细节则需统筹处理。在博物苑进门入口处有一高耸的有500年树龄的银杏树，规划布局之初即考虑将之作为建筑群不可分割的组成部分，在浓荫下将形成难得的入口庭院”。

20年来，西方建筑师“占领”中国高端设计市场已成为一道世界罕见的奇特风景，他们的作品以及大量跟风而上的仿制品充斥大江南北，千篇一律与中国特色的缺失已引起愈来愈多的关注[①]。与此相对应的是对中国文化缺乏足够的自觉和自信。当今社会，生活观念、文化观念、价值观念都发生了很大的变化，建筑文化也呈多元化发展的态势。尽管随着中国经济的崛起，在建筑领域持续讨论“中国特色”，但是依然是赶时髦者众，认真思考者寡。同质化的文化导向和低俗的审美趣味，使得一些有抱负的建筑师在创作中步履艰难。在这种社会背景下，有些建筑师认为只有建筑形式引起人们的惊奇时，设计方案才有生命力。但是，博物馆建筑不是纯艺术作品，一味强调“视觉冲击”，博物馆建筑就会失去应有的功能和价值。因为杰出的博物馆建筑设计是长期积累成熟的文化硕果，不是唾手可得的抄袭模仿。

吴良镛教授认为，“博物馆属文化建筑，无论造型布局都应具有文化内涵”。因此他所设计的南通博物苑新馆，整个建筑面积适度，不以体量取胜，建筑风格朴素大方。庄子云，“朴素而天下莫能与之争美”，是美学之重要原则。南通博物苑新馆平易近人、力戒浮华，并根据现有条件而加以发挥。在建筑造型与环境设计方面，以

① 程泰宁：《寻找中国建筑精神》，载《人民日报》，2011-09-08（24）。

简朴严谨为原则，采用黛瓦灰墙为基调，以砖石为基础，间有木材装修的明亮色彩相衬，亦不抢夺原有环境之本色。还将张謇先生亲笔写的咏博物苑诗篇刻于白石墙面，作为博物苑母题。他认为“西方每以建筑、绘画、雕刻为综合艺术，文艺复兴以‘三艺’称之；中国书法艺术，与诗咏结合，为独立于世界之特色，今在南通博物苑新馆，突出地加以发挥，当亦为发掘中国传统艺术文化，弘扬建筑特色之举”。

经典的博物馆建筑应该是具有恒久生命力的建筑，它们超越了一般建筑的使用功能。文化理想赋予博物馆建筑更多的审美内涵，历史责任使博物馆建筑获得灵魂，并且拥有经久不衰的生命力。从更深的层次上看，博物馆建筑体现着城市和社会的理想、信仰、制度、伦理和价值观。日本建筑师黑川纪章认为，“文化的力量在于持续地创造前无古人的奇迹，文化来源对于历史、传统的研究、学习、发展”。历史是漫漫长河中的点滴积累，是各个时代的尖端技术、前卫思维的叠加。今天的优秀博物馆建筑，在 50 年、100 年之后，也将成为后世的文化遗产。前辈为当代人留下了包括博物馆建筑在内的珍贵文化遗产，而创造代表新时代的传世佳作，则是当代人义不容辞的责任。

在新的时代，建筑师面临着经济一体化的挑战，同时，伴随文化的交流呈现出多元、自由、灵活的特点，需要博物馆设计在趋同中找到差异。博物馆建设应当不排除传统的材料和施工以及地方技术。良渚博物院通过内庭院和室外展示，连接展区的建筑总体布局，满足观众调节参观情绪、缓解视觉疲劳的参观需求，同时也可以适时地对展厅进行通风和采光。同时，博物馆依山面水，在建筑样式上，既体现当代先进的建筑设计理念，又体现出良渚文化内在精神在时空上的延续；既有鲜明的个性特点，又完全融入自然山水之中，与周边环境进行得体地对话。建筑设计师认为“这个建筑并不是要让人们去惊叹、去瞻仰，相反，它引导人们在一种自由、放松的心情下去沉思、去感悟”①。

吴良镛教授在谈到设计江宁织造府博物馆的体会时指出，“在这全球化、跨文化的大时代，国际建筑师纷纷到我们东方来抢滩，作为历史文化名城的南京，我们为什么不能够尝试运用一点新时代的、中国的、具有地方主义与历史主义的中国元素结合西方现代建筑理念，通过这种前所未有的新模式，来立足于这一国际化的跨文化的形象世界之中呢？②” 为此，吴良镛教授在设计江宁织造府博物馆时，“并没有像其相邻建筑那样，以硕大的体量或高耸的形式而挤压城市空间，反而为繁华都市平添了一掬绿色”。“从内容到形式都是立足于南京本地的历史地理条件，以地方固有的文化内涵作为创作之契机，旨在既切合主题，当新则新；又不怕被人指为“泥古”，其风格所尚，是在现代建筑的意蕴之上，运用历史主义的手法，表述地域主义的话语”。

如今，博物馆不再是一个孤立的空间，城市及其生活实际才是真正的展览对象。博物馆建筑社会化，就是要将其功能丰富，从设计角度去帮助它们完善职能。博物馆建筑应从人文视角出发，以关注社会民众的生存价值和文化权利为创作视点，更加尊重市民生活情趣，更加关注人们值得回味的美好记忆，让城市回归社会公众的情感认同。人们通过博物馆更好地解读并融入城市文化，体味幸福生活。安徽省博物馆走过半个多世纪的风雨历程，记载着博物馆创

① 《良渚博物院——中华五千年历史文明的宝盒》，载《中国文物报》，2010-11-03（15）。
② 吴良镛：《“都市盆景”与“红楼丰碑”——南京“江宁织造府博物馆”的工程故事与前瞻》。

业的足迹和成就，博物馆建筑历经沧桑，留下丰富的岁月痕迹，如今这座博物馆建筑已经成为文物保护单位[1]。

江苏江宁织造府博物馆奠基仪式

我国作为有着悠久文化传统的民族，博物馆建筑更应展示出得天独厚的中华文化风采。今天无论在南通博物苑、苏州博物馆、宁波博物馆，还是在汉阳陵博物馆、良渚博物院等，几乎所有的讲解人员，都对本馆建筑做出引以为自豪的介绍。这些博物馆建筑本身也成为博物馆展示的重要部分。在博物馆设计与建设中，应充分体现以人为本、服务公众的理念，在功能定位、馆址选择、规划设计、建设施工、展览策划、管理模式等重要决策过程中，广泛征求社会各界的意见，既注重科学性，又具有前瞻性，确保博物馆建成后能够满足社会公众的文化需求。事实上，一些杰出的博物馆设计，并

① 夏宇璞:《中国首座大型博物馆的前世今生》,载《人民日报海外版》,2009-09-25(14)。

不是通过建筑师闭门苦思冥想得以实现，而是通过深入研究博物馆文化特色，倾听博物馆专家意见和社会公众愿望后加以创作，使博物馆建筑成为令人满意的文化空间。

（三）博物馆建筑与永恒价值

今天，应该创造出更多具有灵魂、拥有长久生命力的博物馆建筑。博物馆建筑应成为增添城市特色景观，彰显城市文化气息的传世杰作。博物馆是一座艺术殿堂，走进博物馆人们首先感受到的应该是艺术的享受，而许多博物馆建筑本身，就是精美的艺术品。“在中国，博物馆无论是最初的仿古建筑还是后来的仿文物器型，都在‘仿古’风格和理念上做文章。当前新建、扩建博物馆的热潮遍及全国，各地都想要把博物馆建成当地的城市标志性建筑，这就要求博物馆建筑充分体现外在造型与内涵文化的独特性，以及历史、自然、现代三种元素的统一性”①。如果一座博物馆建筑，既拥有完善的实用功能，又具备良好的艺术气息和文化氛围，那么，不但使博物馆建筑拥有更长久的生命力，而且使博物馆本身的存在价值得到提升，还将使整座城市的社会环境更加和谐。

1981 年，世界建筑师大会《华沙宣言》指出：“建筑学是为人类创造生存空间的环境的科学和艺术”。有了《华沙宣言》这样强烈的环境意识观念，在规划城市、设计建筑时，以追求环境的科学和艺术质量为标志，就会大大提高城市规划、建筑设计的水平。《华沙宣言》所倡导的是衡量当代建筑观念的标尺。也就是说，按照当代建筑学的观念，建筑学应该是环境的科学和艺术，所以要达到现代建筑学的标准就必须达到相应的环境科学的高度和环境艺术的品位。黑川纪章指出，“在当今建筑设计和都市规划中有着追求技

① 涂师平：《历史艺术的视觉盛宴》，载《浙江文物》，2008（12），24 页。

术化和表面潮流的设计趋势，设计中缺乏思想。我认为建筑和都市应该是时代精神的体现，没有思想的设计是不能成为文化的，只有表现出时代的作品才能代表时代、成为后世的文化遗产，才能得到保留”①。

保留文化遗产是一项重要而艰巨的任务，而创造将来能够成为文化遗产的优秀建筑，更是一项不容忽视的挑战。埃及政府将正在建设的埃及国家大博物馆视为埃及文化的永恒象征，埃及文化部长F. 胡斯尼（F.Hosni）在新闻发布会上指出，一定要把这个博物馆建成一个庞大的文化宫殿，使其成为一面永恒的旗帜。1992年，埃及国家大博物馆项目正式启动以来，来自世界各国各个领域的专家学者分工协作，对项目进行全面细致的分析研究，制订出未来的发展计划，并将这些成果汇集成可行性研究报告，集中体现出博物馆发展的战略目标。在埃及国家大博物馆实施的前期研究、项目策划、组织管理、建筑设计等各个阶段中所持的国际视野、科学态度与发展观念，充分体现出从社会发展战略高度对博物馆建设的认知。

事实上，我国早期一些重要的博物馆建筑设计方案，也经历过慎重的决策过程。例如中央博物院在蔡元培先生的倡议和主持下，从设计伊始就对博物院建筑蓝图予以清晰地描绘，“自然馆中，求能系统扼要的表示自然知识之进展，并求其利用中国材料，人文馆中，求能系统的表示世界文化之演进，中国民族之演进；工艺馆中，表示物质文化之精要，尤其是关于实业及国防者，用以激励国人。”在筹建过程中，众多文化精英参与其中，例如傅斯年先生担任首任筹备处主任，翁文灏、李济、周仁分别担任拟建设的人文、工艺、自然馆主任。围绕中央博物院建筑方案征集评选，也曾有过一场紧张

① 黑川纪章：《共生的时代》，载《城乡建设》，2004（7），21页。

激烈的方案竞赛。梁思成先生等5人组成的“建筑图案审查委员会”对应征的设计方案慎重研究。杨廷宝先生的设计方案虽然没有被选中，但是其仿辽代建筑的设计构思，为博物馆建筑造型的确定提供了借鉴①。

实践证明，伟大的建筑在任何时代都会受到人们的精心呵护，并长久地传承下去。此后南京博物院在历次改建、扩建中，尊重早期博物馆的设计意图，使不同时期的博物馆建筑协调相处、相映生辉。世纪之交，南京博物院有了快速发展。1999年9月，与原有建筑风格一致的南京博物院艺术陈列馆落成开馆，设立了11个专题陈列，同历史陈列馆一起共同构筑起具有中华文化气息的艺术殿堂②。 如今，不同时期的建筑统一协调，见证着从原“中央博物院”到南京博物院，70多年走过的风风雨雨。目前，南京博物院新的一轮扩建工程正在进行，人们对此充满期待。

博物馆建筑具有双重性，既是科学技术的产物，又是文化创作的成果。建筑设计只有从地域文化中提取特色，从历史文脉中挖掘基因，并与现代科学技术相结合，才能使现代建筑地域化，地域建筑现代化。一些欧洲的历史性城市，往往由于拥有杰出的博物馆建筑，通过不同时代建筑语言的合理利用，创造出各具特色的文化空间，阐述着城市丰富的文化理想，震撼每一位来访者的心灵，实现博物馆建筑的永恒价值。博物馆建筑应该是具有独特内涵、与陈列展览和谐共生的公共文化建筑，并与环境共同创造出赏心悦目的文化景观。

吴良镛教授在南京江宁织造府博物馆的设计构想中谈到，“从

① 夏宇璞：《中国首座大型博物馆的前世今生》，载《人民日报海外版》，2009-09-25（14）。
② 夏宇璞：《中国首座大型博物馆的前世今生》，载《人民日报海外版》，2009-09-25（14）。

南望北建筑叠叠高起寓意一幅山水画。层层殿阁楼台，其高远处为‘楝亭’，其平远处寓意为西园之湖面，而以萱瑞堂为全园之中心；最南端，设下沉式广场，作为博物馆的南入口；设计之初，在立意上即以‘都市盆景’为‘云锦饰面’，至此已朦胧可见”，“使这组‘盆景’既与历史世界相关联，也与艺术世界相呼应”[①]。通过博物馆建筑设计使城市、自然、建筑和诗歌、绘画共同构成一种不可分割的文化景观和文化空间。江宁织造府博物馆“留给南京的不仅仅是一个优秀的设计精品，更加重要的是它探索并成功地将历史的素材化为今天的文化财富，把历史的资源作为当代人居空间、社会生活塑造的一部分，这对于南京这座历史文化名城的未来发展有着极为重要的指针意义”[②]。

建筑设计必须在一定的文化语境中展开和完成，反映出不同的价值观和审美观念，体现出某一时期文化的风貌。在历史的长河中，大多数平庸的建筑在完成其历史使命之后就逐渐消亡，而一些杰出的建筑却被持续地有效利用。“伟大的建筑物可以变旧但永远不会过时”，因为它们凝结着人类非凡的创造能力，在任何时代都会给人们以智慧启迪。保护杰出的建筑是艰巨的任务，而创造将来能够成为杰出的经典建筑，同样是巨大的挑战。在今天的城市建设中，这种杰出的经典建筑实在难以寻找。人们需要享受记忆。因此应该爱护经历千百年发展演变的城市，爱护历史性城市中杰出的经典建筑，尊重不同历史时期的文化创造。

当前大规模的博物馆建设活动，不仅扩大了博物馆使用面积和改善了博物馆社会形象，同时也是改变博物馆建设理念，推动博物

① 吴良镛：《建筑的人文内涵，南京建造中的“江宁织造府博物馆”设计构思》。
② 周岚：《历史文化名城南京的积极保护和整体创造》，申请清华大学工学博士学位论文，2010 年 4 月。

馆管理体制和运行机制变革的机遇。“用令人满意的公共目的界定城市和建筑，在竞争性的全球化经济环境中，正变得日益重要”[①]。当代博物馆的建设不仅仅是一个建筑过程，也是一个文化过程，一个社会过程。当代博物馆对经济、文化，乃至社会进步有着重要的促进作用。因此，博物馆必然超越其传统意义，成为城市复兴的推动力量，而新时期博物馆的设计与建设应该体现出这些理念的深刻变革。在这一过程中，博物馆应努力跟上时代发展步伐，成为当代城市发展格局中的重要组成部分。

（四）博物馆建筑与文化特征

博物馆建筑总是扎根于具体的环境之中，受到当地社会、经济、人文等因素的影响，也受到所在地区地理气候条件、地形地貌环境的制约。国家文物局主编的《中国博物馆学概论》强调指出：“博物馆应处于地势高爽、交通方便、环境幽静和空气清新的地方。最好离开喧嚣的闹市区，周围不应有工厂或作坊一类的建筑，以避免各种环境污染。”我国博物馆选址方式有五种，“建在城市的广场四周；闹市中心或城市交通干线附近；城市公园之内；接近市郊边缘地区；遗址或遗址所在地。”博物馆专家认为，第三种选址方式最为合适。南通博物苑最先创造了这一选址方式，是在城市公园之内选址建设博物馆的典范。我国有不少博物馆的选址也是采用这种形式，例如上海鲁迅博物馆建在虹口公园，湖南省博物馆建在烈士陵园，福建省博物馆建在福州市洪湖公园等。

在博物馆选址方面，博物馆建筑是博物馆的主要标志，也是博物馆活动的主要场所。一座博物馆的选址是否科学，不仅关系到文物藏品能否得到妥善保护，而且会影响社会公众能否合理利用。博

① 弗雷德·肯特：《“标志性建筑”批评》，载《中国建设报》，2010-12-08（7）。

物馆需要安静而安全的环境，而环境有大环境和小环境之分，二者既有区别又有联系。贝聿铭曾从现代建筑设计理念的发展态势出发，提出“建筑必须创造一种环境，而这种环境又必须适应时代。体现这种时代特点的，除了建筑的外立面之外，更为紧要的是一种建筑内部功能与外部环境之间的和谐”。因此，博物馆建筑在注重建筑造型与功能需求完美统筹时，还必须对其微观与宏观、环境与生态、知识与信息、赏心与悦目、趣味与动感等方面进行统筹兼顾，使观众参观博物馆后，不仅能够获得知识性的信息，而且能够进而引发生活态度的提升。

四川“建川博物馆聚落”规划设计朴实自然、返璞归真、不铺张、不奢华、不追求外在的尊贵华丽，而追求内在的平易近人。“整个花园花木繁茂，郁郁葱葱，甚至还有一大片菜地、几个人工小湖。已经建成的 15 个馆舍，多为两层建筑，设计图均出自著名建筑师之手，造型各异、错落有致，但外观均朴实无华，与绿树水色相呼映，不失田园风光，与宁静的小镇相和谐。馆内陈设绝无豪华的序厅，绝无耀眼的光电，绝无奢侈的包装，有的只是普通的墙面，普通的照明，普通的台柜，灰砖的地面，一切都那么平易近人，与陈列内容相和谐，与周围环境相和谐。陈列展览力图原原本本地保存历史、还原历史、尊重历史，把最常见又最典型的历史场景再现出来，让观众体验、回味”。“朴素，是一种自然美、内在美、和谐美，是美的最高境界，也是最难得的，应该大力提倡”[①]。

① 阮家新：《百姓视角下的历史——访建川博物馆》，载《中国文物报》，2009-12-02（5）。

四川建川博物馆聚落

在博物馆建设方面，除选址、面积、环境等因素外，建筑造型的赏心悦目与功能需求的和谐统一也显得越来越重要。国际博物馆学专家 K. 赫德森（K.Hudson）曾经说过，任何一类博物馆建筑的质量都取决于其外观是否被人喜爱，它在什么程度上迎合了使用者的需要，但几乎没有太多的博物馆建筑能同时满足这两个标准，大多数博物馆甚至连一个标准都不能满足①。一座完美的博物馆，其建筑造型必须体现博物馆特有的文化气质，必须具有博物馆鲜明的个性。一方面博物馆的建筑造型能够体现出特有的文化内涵，而被当地民众和前来参观的社会公众所喜爱。另一方面博物馆的内部构造能够充分满足各项功能需求，同时在一定程度上实现空间的灵活转

① 王莲芬：《浅论博物馆建筑造型与博物馆功能需求的和谐统一》，载《中国博物馆》，2006（1），56页。

换和面积的充分利用。

现代科学技术的发展，推动着建筑设计和施工技术的进步，不断创造人类建筑史上新的奇迹。伴随大量现代建筑拔地而起的同时，也引发人们的诸多文化思考。国际建筑界有这样一种说法，设计一座博物馆是每一位建筑师的梦想。因为博物馆建筑具有经典性、纪念性和永久性特征，往往成为建筑大师的代表作。没有其他的建筑类型在象征性和重要性上能与博物馆相提并论。但是，长期以来建筑师追求的是让人们首先体验建筑的艺术，然后进入艺术的建筑中更好地欣赏艺术品。实际上，在文化坐标的意义上，博物馆具有无可比拟的优势。“建筑设计中的流线、照明、装置和空间品质都是为了人们更好地体验建筑，更好地欣赏艺术作品。”

T. 格里布（T.Greub）在《二十一世纪初的博物馆：思考》一文中，介绍了国际最新的博物馆建筑发展的潮流，总结现今博物馆建筑发展的方向，并分析了博物馆建筑形式与藏品展示和参观者三者之间的关系，同时讨论了博物馆建筑在今天社会上的功能和博物馆角色的演变。他指出“博物馆建筑本身，建筑物所在的城市环境，与行政的运作空间等一起，必须做到建筑物和艺术品、建筑和使用者（博物馆人员和参观者）之间能沟通对话。[①]” 他在评价称为“新透明”的建筑潮流时，谈到有刻意透明的博物馆建筑，追求的是一种开放的态度，减低馆内外空间的差异，例如使“艺术跨出屋外，而街外的走进门来”。

由于工业化和城市化进程的加快，环境污染日益严重，文化景观和自然景观正在丧失原有的秩序感和稳定感。同时，快节奏、高负荷的工作使城市中的人们感到紧张与疲惫，渴望拥有宁静自然的

① 傅玉兰：《博物馆建筑新潮流与博物馆角色的演变》，载《中国博物馆》，2008（3），53页。

生活环境，在更加和谐的环境中恢复身心的平衡。在这一背景下，极少主义的设计手法受到社会各界的关注，对当代建筑设计产生了实质性的影响。一些建筑师开始在不同程度上追求空间的纯净和场所的精神力量，由于这些设计符合现代社会人们追求简单、轻松、自由和开阔的审美需要，而更加符合时代的潮流。例如日本建筑师安藤忠雄就尝试创造性地使用混凝土、玻璃和钢材。他指出并不需要高价或稀罕的材料，因为任何一种材料只要正确运用就能取得良好效果。他坚持高质量的加工工艺，例如将混凝土运用得洗练而优雅，使人们充分领悟到材料运用背后所表达的文化内涵。

近年来，国际各种设计理论先后传入我国，并影响建筑设计实践，这一时期，我国正处于城市化快速发展阶段，一些建筑师积极探索各种设计手段并应用于建筑工程设计，但是由于缺乏深入的思考和精准的把握，经常出现过度繁琐、过度造作的方案。不少新建的博物馆，对于城市特色没有深入研究，对于功能定位没有深入思考，对于文物藏品没有深入分析，就唐突地坐落于城市之中。目前，一些引人注目的博物馆设计虽然具有震撼力，有令人肃然起敬之感，但是人们还是不免产生疑问，这些夸张的几何造型在生态环境中是否合理，与城市传统文化、地域文化是否和谐，作为博物馆建筑所表达的含义是否准确等。这些疑问表明，人们普遍认为，博物馆建筑不应为追求外在的形式美，而忽略自身的特殊性。

今天，人们更多地认为，博物馆应成为吸引广大民众的公共场所，应为城市的社会生活带来活力，应为城市中的广大民众带来荣誉感。博物馆建筑不应是建筑师为满足个人创作欲望而设计的标志性建筑，也不应该是城市决策者的政绩工程，而应该努力成为城市的文化客厅，成为社区的文化中心。但是，人们也发现，当社会民众将博物馆视为城市的文化客厅、社区的文化中心时，“博物馆界与建筑界的心理准备、知识准备、理论准备、实践准备如此不足，就像一场不期而至的邂逅”[①]。鉴于长期以来，在博物馆的建设与发展中，公众参与的重要性被忽视和贬低。因此，应加强博物馆界与建筑界的沟通，加强博物馆界与社会民众的沟通，鼓励更多的社会民众参与博物馆的建设与发展，支持专家学者对博物馆的建设与发展进行持续的专业评估。

（五）博物馆建筑与科学精神

根据《辞海》对建筑的定义，建筑是工程技术和建筑艺术的综合创作。在任何建筑中始终存在着造型与功能这一矛盾统一体。建筑造型是指建筑师通过设计创造出的建筑形象。一些现代建筑师进一步解释道：“建筑，是文化的背景，其形象特征应该首先在文化氛围上闪光。伟大的建筑，铸造不朽的建筑文化，不朽的建筑群体，竖起了城市的品位、城市的风采、城市的光辉。”建筑物不仅是人类居住、工作和从事各种活动的场所，也是民族文化和地域文化的重要载体。在博物馆建设过程中，要通过精雕细琢，在建筑布局、建筑造型、建筑空间、建筑装饰等方面，体现出博物馆建筑的文化特点。冯纪忠先生倡导“缜思畅想”和“重理倾情”的建筑设计理念，即建筑师需要在精通现代建筑技术和尊重文化传统的基础之上畅想、创新，要注重理性，又要投入激情[②]。

一般来说，博物馆建筑是特指专门为博物馆工作设计建造的建筑，它既可以是包括满足博物馆各项功能的一栋综合性建筑，也可以是由陈列展览用房、办公用房、藏品库房等多栋建筑构成

① 王莉：《中国博物馆建筑批判》，载《文物天地》，2002（1）。
② 姜泓冰：《所有的建筑都应是公民建筑》，载《人民日报》，2009-12-14（11）。

的一组建筑[1]。进入21世纪，人们对博物馆建筑形式的期望和审美评判，已经完全超越了博物馆是陈列展览场所的传统认识，要求博物馆建筑造型必须体现博物馆特有的文化内涵、满足博物馆功能的需求，甚至使博物馆自身也成为特别的展品。观察国内外博物馆建设，任何一座成功的博物馆，其建筑造型与内部功能需求的结合必然高度完美、和谐统一。这就要求博物馆建筑设计具有审美的眼光，通过调动造型、色彩、材料、工艺、装饰、图案等审美因素，进行构思创意、优化方案，既满足博物馆的使用需要，又满足人们的审美需求。

注重建筑的象征性意义是建筑设计中一种惯用的手法。一些博物馆建筑通过强化外观造型，或追寻历史文脉，或象征博物馆主题，或隐喻展示内容，或烘托环境气氛，或展现个性化的设计理念等，这些努力不仅允许，而且值得提倡。但是，有些博物馆建筑为了达到外部造型的某种象征性效果，而不惜牺牲内部空间的合理性则不可取。博物馆建筑不应仅仅关注外部形象，外观造型，不应仅仅停留于对某种器具的简单模拟。博物馆建筑首先应以满足博物馆基本功能为前提，否则有可能成为浅薄化的建筑设计实验场，不仅在财力上造成浪费，而且对博物馆建筑功能带来损害。因此，博物馆的建设必须注意适用性，以创造舒适、优雅、安全的文化空间为主要目的，而不是过分讲究建筑外观造型和体量高大气派。

一座城市在做出建设博物馆的决定时，应该首先考虑博物馆的功能定位和建设目标，做好前期的可行性研究和论证。设计之初就要充分考虑博物馆现在已有的和未来可能拓展的功能和内容，以务

① 王莲芬：《浅论博物馆建筑造型与博物馆功能需求的和谐统一》，载《中国博物馆》，2006（1），56页。

实的态度来考虑博物馆建筑硬件的设计。实践证明，博物馆建筑并非规模越大越好，而应根据其具体功能、用地性质、服务规模、使用效率等相关因素来确定，只有适当的规模才能发挥积极的文化作用。有关统计资料表明，在美国的上万座博物馆中，有75%是小型博物馆，而真正成规模的博物馆只有2000多座，与我国大致相当。在英国有2000多座博物馆，但是具有一定规模的博物馆也只有500余座。一座好的博物馆建筑，除了令人赏心悦目的建筑外表以外，还应该服从于它所期望的目的，使博物馆的各项工作在其中有效地进行，使博物馆的各项功能得以有效地施展。

建筑能够创造出充满文化气息的景观和环境。文化景观和文化环境一经形成，就成为人们生活、交流、娱乐种种行为的舞台，规定着人们的行为模式，影响着历史的进程和速度。因此，建筑不仅要满足人们衣食住行的物质需要，也要体现经济、政治、科学、技术、哲学、宗教、艺术、美学观念等精神方面的要求，还要满足不同时代、不同地域、不同民族的生活方式、生产方式、思维方式、风俗习惯、社会心理等的需要。这种综合性使建筑成为人类每个历史阶段发展水平最重要的标志[①]。正如梁思成先生所指出，“总而言之，建筑的创作必须从国民经济、城市规划、适用、经济、材料、结构、美观等方面全面地综合地考虑。而它的艺术方面必须在前面这些前提下，再从轮廓、比例、尺度、质感、节奏、韵律、色彩、装饰等方面去综合考虑，在各方面受到严格的制约，是一种非常复杂的、高度综合性的艺术创作”[②]。

博物馆建设是一项造福于民众和社会的长远事业。博物馆建筑

① 顾孟潮：《建筑文化的特征及价值》，载《中国建设报》，2009-04-13（3）。

② 梁思成：《建筑和建筑的艺术》，见《梁思成文集（四）》，262页，北京，中国建筑工业出版社，1986。

的文化内涵与文化品位，决定其设计水平的高低，文化是博物馆建筑创作的核心和灵魂，博物馆建筑设计的成败，说到底就是对于文化内涵把握的成功与否[①]。同时，建设一座理想的博物馆，需要一系列良好条件的保障，并不是仅仅有足够的资金投入就可以立即开工，迅速建成。因为博物馆是集多学科知识形态于一身的文化设施，它的建设离不开两个重要支撑点，即学术研究成果基础和文物藏品积累基础。没有扎实的学术研究成果和一定的文物藏品积累，难以建成一座理想的博物馆。与一般建筑相比，博物馆建筑是多种学科的综合产物，吸收人文科学、自然科学、技术科学的最新成果，交叉融汇到博物馆建筑中去，才能实现博物馆建筑文化创新，而这种创新拥有广阔的天地，不竭的资源。

在众多博物馆建设过程中，往往采取先建设馆舍，再设计陈列展览的方式。由于在建筑设计时没有充分考虑陈列展览的特殊需要和具体要求，这样就很容易造成博物馆的建筑空间布局与陈列展览要求不相适应的问题。例如有的博物馆参观线路紊乱，观众缺少方向感，人流相互影响；有的博物馆的展厅中间建造多根柱子，对观众视线形成严重遮挡；有的博物馆展厅高度、宽度、纵深尺度，与展板、展柜、展品缺少合理比例。所有这些问题几乎都与建筑设计和陈列展览设计缺少衔接有关。良渚博物院在进行建筑设计阶段，聘请博物馆建筑设计专家担任顾问，参与建筑设计过程。同时，在室内空间设计阶段，聘请博物馆专业人士介入其中，指导建筑设计更适合良渚文化的陈列展示，满足博物馆今后的实际需求，做到了建筑设计与陈列展览设计策划同步进行，有效避免了博物馆建设当中普遍存在的“交钥匙工程”所导致的建筑不能满足功能的尴尬现象。

① 关其方：《文化，建筑设计的核心》，载《中国建设报》，2007-05-19（4）。

应提倡建设量体裁衣的博物馆建筑，博物馆建筑应与博物馆功能更加紧密结合。面对一些地方公共设施建设一味追求巨型化的浪潮，博物馆界专家呼吁，应该重新体会适度规模和现存博物馆建筑的价值。事实上，一些投资较少、规模适度的博物馆建筑，只要很好地与民族传统和地方特色相结合，同样可以取得成功，真正起到宣传地方特色文化、满足民众文化需求的作用。国家有关部门联合发布的《关于加强大型公共建筑工程建设管理的若干意见》强调，大型公共建筑工程的数量、规模和标准应与国家和地区经济发展水平相适应。参与投标的设计方案必须包括有关使用功能、建筑节能、工程造价、运营成本等方面的专题报告，防止单纯追求建筑外观形象的做法。同时强调“政府投资的大型公共建筑，建设单位应立足国内组织设计方案招标，避免盲目搞国际招标”[①]。

虽然博物馆建筑也可以作为一种“展品”，供人们欣赏，但是这件“展品”不应与博物馆陈列展览等基本功能发生冲突，其表现应该适度。博物馆建筑毕竟是具有实用性功能的公共建筑，如果外在形象彰显与内在功能发挥不协调或发生冲突，那么，即便在建筑艺术方面获得极高的赞誉，仍然是一个不成功的或者说是不适用的建筑设计。柏林犹太人博物馆由著名建筑师 D. 里伯斯金德（D.Libeskind），以独具匠心的解构主义流派理念进行设计，呈现出不同凡响的外在表现力，在国际设计竞赛中获得金奖。然而，2005 年博物馆馆舍建成并布展后，种种不合乎博物馆功能的因素开始凸显，不协调的建筑空间，无法理顺的参观路线，不合理的窗户配置等，既使参观者感到迷惑与不解，也使博物馆管理者感到无奈和遗憾。由此成了一座建筑界

① 翟立、郑培：《国家加大对大型公共建筑建设管理力度》，载《中国建设报》，2007-01-11（1）。

“叫好”，而博物馆界“叫苦”的博物馆建筑[①]。

（六）博物馆建筑与社会期待

新时期兴建的许多博物馆已经成为地方的标志性建筑。一批新建、在建的博物馆功能齐全、各具特色，集中表现了追求传统文化与现代文化气与韵、形与意、神与魂的有机结合，充分体现民族传统、地方特色和时代精神，成为一个国家、一座城市或一个地区的最具特色的文化设施。所谓国际化，是指能够跨越国度、跨越本土，为世界各国所接受的内容。所谓本土化，是指能够适合本土、凸显本土文化特色的内容。因此，二者互为前提。具体到博物馆建筑设计，应该立足本土，放眼国际，以国际化的视野来重新审视具有本土特色的博物馆建筑，并致力于凸显其文化价值。“在这个意义上，可以说，唯有最具本土特色的，才能成为最具国际共享价值的”[②]。

在西方传统文化观念中，建筑属于视觉艺术的范畴，建筑因此与艺术具有难解难分的亲缘关系。梁思成在西方建筑史学的影响下，将建筑学与历史学、美术学领域的知识结合进行考察，并用以整理与解释我国传统的建筑语言。此后半个多世纪，随着学科的发展越来越专业化，建筑与历史、艺术等学科分属于工科和文科，造成“鸡犬之声相闻，老死不相往来”的局面，曾经完整的知识体系失去了应有的光泽和张力。近年来，经过不懈努力，人们逐渐认识到，确实存在着与西方建筑体系迥异其趣的中国特色建筑体系。在我国，从不同地区、不同城市的实际出发，把民族审美理念与现代功能需求紧密结合起来，探索本土文化的内涵，形成独树一帜的中国特色建筑设计体系，才是新时代建筑设计的发展

① 冯倩，等：《博物馆建筑功能性的外在表达与内在规范——以宁波博物馆建筑为例》，载《东方博物》，（37），100页。
② 夏寸草、魏巍：《杭州话语：现代设计》，载《建筑与设计》，2004（10），66页。

方向。

对于建筑的理解，人们有各自的观点，有的强调建筑的审美效果与艺术风格，有的强调建筑的适用材料和实用技术，有的强调建筑的功能布局和结构特点。“博物馆建筑要符合广大观众的审美接受心理，这在客观上是很难实现的。由于人们的价值观、审美观不尽相同，文化素质各有高低，因此，统一的标准几乎是不存在的。然而，作为博物馆建筑的主导者和实施者在主观上必须要有这样的精品意识”[①]。只有表现出民族传统、地方特色和时代精神的作品，才能成为传承后世的建筑文化遗产，才能长久地保留在人们的生活里和记忆中。建筑文化遗产应该是一个时代的公共表达。今天，建筑领域与文化遗产保护领域应启动共同的创新实践，需要拆除学科之间的藩篱，将建筑与文化、艺术、历史、科学技术以及其他人文科学与自然科学再度融合[②]。

宋新潮先生认为“其实博物馆用不着总是建设成殿堂、标志性工程，而是需要放下姿态，以更开放的心态融入百姓生活，使公众能够在街头漫步之余轻松走进博物馆”[③]。以往对博物馆建筑的理解，仅视作为公共文化设施的硬件建设。然而现代博物馆建筑最本质的意义，不仅仅是提供物质性的博物馆设施和场所，而是要为人们营造一个可以充分体现城市文化内涵的氛围和环境，为人们提供文化表达的有效途径，满足人们文化交流的需要，即博物馆建筑应具有公众参与性。因此，要更多地从满足社会公众文化表达和文化交流需要的角度出发，更多地从“以人为本”的角度出发，更多地从城市文化建设与和谐发展的角度出发，来思考和解决博物馆建筑

① 崔波：《与君初相识犹如故人归》，载《中国文物报》，2008-06-13（6）。
② 单霁翔：《建筑文化遗产：一个时代的公共表达》，载《中国建设报》，2009-10-27（7）。
③ 吕天璐、乔欣：《博物馆的首要功能是教育》，载《中国文化报》，2009-07-21（6）。

创作与发展问题[①]。

由于城市发展的需要，许多城市都把博物馆的建设作为城市文化建设的一项重要内容，把博物馆作为一个展示城市魅力、提升城市形象的重要窗口。今天的博物馆建筑应努力成为时代的艺术品，使它们长久存在，并且在未来成为建筑遗产，向后人昭示当今时代的文明和非凡的创造力，带给未来社会取之不竭的精神力量和物质财富。但是“当前有些建筑师追求‘时尚’的异样型体，要打破几何体、几何线条，认为这是建筑发展的趋势。其实创造各式各样的空间形态只是手段，而不是目的。其目的最终是要创造出不同地域的优良生态空间环境，满足物质和精神的功能需要，单纯追求形态的异样会走入片面追求形式的误区”[②]。

张锦秋教授判断当代城市建筑艺术具有多元性和多层次性，因而应当格外强调“和谐”这一特质。她指出：现在的某些建筑一味地追求“新、奇、特”，打着“现代建筑”的旗号，但是实际上是“唯形式建筑”，通过标新立异来留名。甚至一些大学生刚毕业，就急着要表现自我，而当城市总体规划上有一些限制，就抱怨影响了建筑设计的发挥。目前，国际社会在城市规划和建筑设计中，有着追求技术化和表面化的设计潮流与趋势，而唯独缺乏文化理念与时代精神。在我国，伴随着房地产业的蓬勃发展，一些建筑师变得急功近利，在大规模的低级抄袭、模仿之后出现了严重的审美疲劳，目标仅定位于拿到更多的设计合同和节约更多的设计成本。“伴随着全世界一半水泥的消耗量，艺术上和文化上的追求只能在速度要求和经济利益面前退居二线”。“建筑创作也就变成了建筑

① 虞琰、史楠：《从涂鸦看公共文化空间》，载《光明日报》，2007-06-14（4）。
② 张祖刚：《走向自然 节能环保 传承文化 服务大众》，载《中国建设报》，2009-10-27（7）。

表现”[①]。

通过实践与思考，张锦秋教授提出了“和谐建筑”的理念。她认为这一理念的第一个层次是“和而不同”，提倡不同因素的协调，反对相同因素的一律，即主张吸纳百家优长，兼集八方精义；第二个层次是“唱和相应”，说明不同的因素怎样才能达到“和”的境界，即音虽有高低不同，只要有主次、有节奏、有旋律地加以组织，就能奏出和谐的乐曲。“先人的智慧给我们以启迪，有助于我们建筑师开阔设计思路，提高创作境界。在国际化的浪潮中，一方面勇于吸取来自国际的先进科技手段、现代化的功能需求、全新的审美意识，一方面善于继承发扬本民族优秀的建筑传统，突显本土文化特色，努力通过现代与传统相结合、外来文化与地域文化相结合的途径，创造出具有中国文化、地域特色和时代风貌的和谐建筑。”

建筑是城市的历史，是民族的语言。当代建筑文化遗产应该包括：见证国家、地区、城市、社区发展历程的重要建筑；见证不同历史时期重大历史事件的典型建筑；见证文化、教育等不同领域发展的重要建筑；成为体现城市特色风貌的代表性建筑；在建筑科技方面具有世界领先地位的建筑。在任何国家和任何时代，建筑从来都是文化复兴最重要的表现途径。黑川纪章认为：“历史与传统的共生不应该是简单地复制历史，更不应以单纯的经济利益而生产没有思想的建筑，来堆砌经不起时间考验的城市。建筑是文化，城市是文化”。无论是建筑设计还是城市规划，都应该体现一定的文化理念与时代精神，没有思想的设计不能成为文化，更不能成为建筑文化遗产。

博物馆建筑用自己独有的形象语言记载着一座城市，甚至一个民族的文明历史。一座新的博物馆不应简单模仿过去的建筑形式，

① 老王：《建筑苦旅》，载《中华建筑报》，2009-11-21（7）。

一味模仿只能是一种意识形态的倒退，是缺乏时代精神的表现。国际博物馆领域积极倡导博物馆建设文化。早在1948年，就根据国际博物馆协会理事会的章程，设立了国际建筑与博物馆技术委员会，成为国际博物馆协会的专门委员会之一，在博物馆规划、设计、建设、重建和规划等方面，为协会成员提供专业知识、经验和思想交流的平台，并关注专业之间的合作与交流，传播科学知识，提升职业水准。世界各地博物馆界也采取多种方式，推广博物馆建设的正确理念。欧洲博物馆年度奖由欧洲博物馆论坛于1977年设立，只有在过去的两年中，进行了大量的现代化改造、扩建、重组或重新诠释的老博物馆，以及首次对外开放的新博物馆，才有资格参加评选。

（七）博物馆建筑与生态环境

走向自然是博物馆建筑发展的方向。博物馆设计应充分体现以人为本，包括为观众提供生态的绿色环境、典雅的参观环境和惬意的休憩环境，增加馆舍环境的健康性和舒适性，消除建筑对自然环境的不利影响。博物馆建筑设计还要充分考虑节能环保，结合自然条件，并充分利用自然条件进行被动节能设计，例如在建筑设计中注重利用太阳能，在自然采光系统、自然通风系统以及后期管理等方面探讨可持续途径。作为传播科学理念的博物馆，也应该是节能、低碳、绿色、环保等科学理念的积极践行者，博物馆建设过程中应充分循环利用自然资源，尽量使用本土材料，并运用最新技术，减少能源消耗和浪费，恢复自然生态，减少碳排放量。我国博物馆建筑也应逐渐向绿色建筑转变，不能再一味地无视建筑材料的浪费，来满足“政绩工程”和“形象工程”的需要，应该对整个人类的未来负责[①]。

① 李先军：《品味中国建筑的“五味瓶”》，载《中国文化报》，2008-07-08（8）。

美国芝加哥艺术博物馆馆舍环境

当前，世界面临逐渐增多的自然挑战，设计绿色建筑的呼声与日俱增。绿色建筑是近年来兴起的设计思潮，影响着 21 世纪建筑设计方向，促使“环境设计”“健康设计”“人性化设计”等新的概念崛起。所谓绿色建筑，就是指在建筑的寿命周期内，最大限度地节约资源，通过节能、节地、节水、节材等措施，保护环境和减少污染，为人们提供健康、适用和高效的使用空间和与自然和谐共生的建筑。在绿色建筑思潮的影响下，人们将天然材料的应用当作室内外设计的重要手法，强调环境设计中天然材料的肌理，着意显示这些材料的本来面目[①]。 日本的美秀（MIHO）博物馆选址于山中，通过隧道和斜拉索吊桥进入馆内，为了尽可能地保留自然环境，博物馆馆舍大部分都建在地下，谦虚地隐蔽在万绿丛中，是一种向往

① 郭萍：《“古代中国陈列”形式设计之思考》，载《中国文物报》，2009-03-20（6）。

自然的回归。

在北欧，如今风能、太阳能、地热能等自然能源的利用，已经进入普通建筑领域，并且在建筑设计中特别强调对房屋朝向、墙体厚度、外墙颜色等细节的关注，在环保方面注重建筑材料的更新，加强新型可回收建筑材料的应用，避免建筑在建成和拆毁时可能出现的大量建筑垃圾[①]。目前，越来越多的博物馆建设将绿色设计作为首要的设计前提。著名建筑师 F.L. 赖特（F.L. Wright）认为，“建筑应生于土地，沐于阳光。在美国，加利福尼亚科学院的研究机构，使用光伏板和节能板进行太阳能吸收，展示厅的屋顶则是一种可循环使用的纸箱，它们可以分解到土壤当中，由此可以看出，现代技术的应用可以使博物馆建筑变得十分自然和环保[②]。其中自然采光、建筑遮阳、围护结构热工性能控制、节能空调与通风、高效照明、雨水回收、中水利用、智能控制等技术已经成为越来越值得推崇的设计方向[③]。

在美国丹佛市，一场利用新能源的浪潮正在悄然兴起。拥有一百多年历史的丹佛自然科学博物馆就是其中的代表。美国总统奥巴马于 2010 年 2 月 16 日，特意选在这个博物馆签署了国会通过的 7870 亿美元的振兴经济法案，奥巴马之所以选择这座博物馆签署这个历史性的法案，与他想借助绿色能源推动美国经济的想法有关，因为博物馆采用的太阳能发电系统，正是经济刺激计划所支持的利用新能源的一个范例。丹佛自然科学博物馆的这套太阳能发电系统总投资 72 万美元，每年发电量约 134500 千瓦时，大致相当于美国 30 ~ 35 户家庭一年的用电量。虽然目前太阳能供电还不到整个博

① 刘伟：《芬兰，用行动贯彻低碳理念》，载《中国建设报》，2010-04-12（4）。
② 章迪思、梁建刚：《自然博物馆：重建中的若干可能》，载《解放日报》，2009-11-30（5）。
③ 金磊：《如何看待新中国建筑作品与建筑师的影响力》，载《中国建设报》，2009-10-27（7）。

物馆总用电量的20%，博物馆计划未来安装更多的太阳能电池板，增加太阳能热水系统，并建造节能的科学教育中心，使整个建筑最终实现碳排放量为零。

2010年欧洲提出了三个增长，即智能增长、可持续增长、包容性增长；很多国际组织也纷纷提出绿色新政和绿色增长，“绿色低碳”正成为越来越多国家的选择。低碳建筑是当今世界最瞩目的课题之一，而恒温、恒湿、恒氧、低噪、适光，成为低碳建筑的核心价值。低碳建筑不仅表现在材料上，更是一个系统工程，表现在风能、太阳能、地热能、生物能等可再生能源的广泛运用上，也是国际认定的未来建筑发展趋势。随着我国经济快速增长，资源环境的约束日趋加大，作为国民经济重要产业的建筑业，成为节能减排最重要的领域之一。目前，我国每年20亿平方米新建面积，接近全球年建筑总量的一半，成为世界上每年新建建筑量最大的国家，建筑能耗占全国总能耗的27.5%，未来这一比例将继续提高，建筑节能潜力巨大①。

近年来，我国城市化的加速进程，伴随着“大拆大建”，“短命建筑”不断增加。一些城市决策者认为，拆旧建新不但可以让城市面貌日新月异，而且还可以拉动内需，这是看得见的“政绩”②。 于是，在城市改造过程中，原有建筑物的价值往往被低估，只要新建筑的市场价值高于拆迁和建设成本，拆除旧建筑在经济上就是合算的，无论原来的建筑物有无保留价值，一律列入拆除之列，往往拍脑袋、想当然地大搞劳民伤财的“形象工程”和脱离实际的“政绩工程”。今天建，明天拆，重复建设，“这可

① 李建：《以“绿色文化”引领低碳建筑发展》，载《中国建设报》，2011-02-22（8）。
② 李兆汝：《“短命建筑”何以假“规划”之名》，载《中国建设报》，2010-04-06（3）。

以说是导致中国建筑‘短命’的重要原因”。一座建筑动辄需要花费数千万乃至上亿元，消耗大量资源。“短命”建筑还会产生大量的建筑垃圾，给生态环境带来巨大的威胁。从宏观上看，“短命建筑”与可持续发展、低碳经济相背离，造成资源的极大浪费，对人类生存环境构成威胁。

按照我国《民用建筑设计通则》的规定，重要建筑和高层建筑主体结构的耐久年限为 100 年，一般性建筑为 50 ~ 100 年。但是仇保兴副部长曾表示，我国建筑的平均寿命只能维持 25 ~ 30 年。而英国的建筑平均寿命达到 132 年，美国的建筑平均寿命也达到了 74 年①。刘志峰副部长归纳我国建筑使用寿命短的主要原因：一是城市规划变更频繁，朝令夕改，一任领导一轮规划，规划调整导致大量建筑被拆除；二是建筑维护不及时，损毁严重，影响使用寿命；三是有些建筑材料耐久性差，有的施工质量不高影响使用寿命；四是对使用空间和功能不能满足新要求的建筑，大都一拆了之。实际上一些问题出在文化理念，以及不理性、不科学的规划实施。“更深层次的原因是，一些地方在城市建设指导思想上急功近利，重速度、轻质量，大拆大建，政绩工程和开发商的商业利益相结合，造成不该拆的房屋大量拆除。”②

一个有品位、有魅力的博物馆，必然注重生态环境建设，将自然因素引入其中，解除工业化带来的对自然的围困和遮蔽。这就需要从可持续发展视野出发谋划博物馆馆舍设计，科学合理地发挥自然资源的作用。降低消耗、节约能源、促进环保是新形势下博物馆义不容辞的责任和必须履行的义务。在博物馆选址安排、建筑设计、

① 徐徐、王炜：《“短命”建筑折射错位政绩观》，载《人民日报》，2010-04-07（11）。
② 牛建宏：《中国建筑呼唤“百年老宅”》，载《人民政协报》，2010-07-31（B2）。

工程建设、陈列展示、运行管理、维修保护等各个环节，都要严格控制规模、降低成本、减少物耗，发挥社会资源的最大效能。绿色建筑并不代表昂贵的建筑。根据对国内绿色公共建筑的统计，目前，绿色建筑的增量成本为每平方米100 ~ 300元。随着绿色建筑技术的成熟和产业化的发展，绿色建筑的增量成本还将会持续下降。博物馆有责任通过运用现代建筑科学技术改善建筑设计，减少对环境的影响，将会大大减少碳排放量。

当代建筑设计要在高新技术与传统技术之间做出判断，不以技术高新或传统论成败，而是选择最适宜的技术，在更高层次上满足当代人对于生活与消费的需求[①]。 2009年9月，中国科技馆新馆向社会开放，博物馆建设中体现了“新设计理念、新建设管理模式、新技术应用”的特点。新馆是一个单体的正方形，建设利用若干个积木般的块体相互咬合，使整个建筑呈现为一个巨大的“鲁班锁”，反映出对知识和科学渴求的寓意。新技术的应用在新馆建设中也有很好的体现。例如新馆外墙通过适宜材料的应用，充分满足大体量单体建筑的隔热保温和采光需求，减少对空调的使用，达到降低能耗的效果；建筑内部采用全空气系统和自然通风系统相结合的方式，使室内空气在不同季节进行自动调节。建筑还采用雨水收集与利用系统、中水利用系统、冰蓄冷系统，并局部安装太阳能发电系统、风力发电系统等，体现节能环保理念[②]。

（八）博物馆建筑与服务职能

城市首先是人们居住的地方，市民不仅希望自己生活的家园更加美丽，也希望能与美丽更加亲近。一个宜居的城市应该既有城市

---

① 金磊：《如何看待新中国建筑作品与建筑师的影响力》，载《中国建设报》，2009-10-27（7）。
② 李艳：《2009年：博物馆建设的主调与和弦》，载《中国文物报》，2010-01-13（5）。

的宏伟气魄和壮美景观，更有居民与生活空间的身心契合。这样，城市品质才会得到真正的提升。在当代社会生活中，博物馆是新的城市文化中心，是公众交往的重要场所，更是对外交流的窗口和展示的舞台。公共空间的开放性、共享性与个性特色是衡量博物馆水准的主要标尺之一。因此，要在博物馆建筑的设计建造中，使参观者与博物馆更亲近，成为市民乐于到访的地方，增强人们对于博物馆的认同感，使博物馆不仅具有物质的、外在的形象，更包括丰富的、人性化的文化内涵。只有将具有现代感的博物馆建筑与城市文化有机结合，将使用功能与市民生活有机结合，才能建造出有灵感的博物馆建筑。

博物馆是对人类文化瑰宝进行收藏、保护和展示的公共设施，博物馆建筑是公共服务使命的最好象征。蔡元培先生认为，博物馆馆址和建筑“所在之环境有山水可赏”，“设清旷之园林”，建筑物都是“美术家的意匠构成”，要使人一走进博物馆就有接触美术的机会，起到美化人生的作用[①]。 创造各具特色的博物馆建筑空间，目的是形成不同地域的优秀文化环境，满足社会公众不断增长的精神文化需求。实现博物馆建筑设计的科学管理，最为重要的是完善决策程序，在决策过程中尊重社会民众的参与愿望，尊重博物馆业主方的管理诉求，尊重建筑设计方的专业知识，鼓励社会各界广泛参与建筑设计方案的选择。只有如此，广大民众才会真正感受到自己是博物馆发展的利益相关者，而博物馆建设与自己的生活息息相关。

① 宋伯胤：《博物馆：学校以外的教育机构》，载《东南文化》，2010（6），6页。

菲律宾大都会博物馆

博物馆对滋养社会的灵魂、启迪民众的智慧，起着不可估量的作用，博物馆对前来参观者的思维方式和生活态度也将产生重要影响。因此，一座博物馆筹建之初，应明确发展定位，对于文物藏品特色、陈列展览内容等进行认真研究，搞好馆舍建设方面的策划和设计，为规划设计博物馆和投资建设博物馆提供决策参考和实施依据。我国在博物馆建设方面，需要采取更加生态的建设方式。目前，一些城市在开始重视博物馆建设的同时，首先想到的是“拆除老馆，建设新馆”，并要求新建设的博物馆要“国际先进，国内一流”，要成为城市的“地标性”或“标志性”建筑。“一些陈列展览规划缺乏论证，定位不准，追求‘假大空’的大制作，形式与内容脱节，滥用多媒体技术、幻影成像、人工造景等，场景化、影视化、虚拟化倾向严重，喧宾夺主，忽视对文物展品内涵和展览主题的发掘、展示，既对观众产生了误导，也造成了很大的浪费[①]。”

① 王文章：在全国博物馆纪念馆免费开放工作会议上的讲话。

人性化设计对博物馆建设提出更高的要求。要求建筑设计体现人文关怀精神，能够自觉关注以前设计过程中经常被忽略的因素。例如关注社会弱势群体的需要，关注残疾人的需要。无障碍环境是人道主义和良好社会风尚的重要标志之一，是社会文明进步的标志。无障碍博物馆是世界范围内现代化博物馆建设的重要内容之一，是建设无障碍社会环境的一部分。有关统计表明，我国大约有 6000 万残障人，其中听力和言语障碍者占 34.3%，智力障碍者占 19.7%，肢体残障者占 14.6%，视力障碍者占 14.6%，精神残障者占 3.8%，多重残障者占 13%。所谓无障碍环境是指为保障以上残疾人，以及老年人、孕妇、儿童等弱势群体的安全通行、便利使用、顺利交流而设立的各种设施和提供的各种服务，其中包括交通无障碍、建筑无障碍、信息无障碍和文化无障碍等①。

博物馆建设应该视为长效投入，不能追求短期效益。博物馆自身也要转变观念，当前需要转变计划经济时期形成的思维方式，即只要能争取到新建博物馆或改扩建博物馆的政府立项，不管建设规模是否合理，建筑布局是否适用，规模越大越好，投资越多越好，开工越早越好，竣工越快越好，建好以后再说。今天，博物馆建筑大大超出一般建筑的功能，负载着保护历史与文化信息的作用。随着博物馆事业的发展，要求不断完善博物馆建筑的功能，而这种发展必须建立在审慎、负责的态度之上。传统的博物馆功能，一般包括六大功能区域，即藏品库房区、陈列展览区、业务科研区、综合服务区、办公管理区以及后勤设备区。博物馆的功能区域划分，应充分考虑人们在博物馆中行为活动与心理需求，以及博物馆未来发展需要，使观众的参观过程舒适而充满乐趣，也为博物馆在运营中

① 王裕昌：《博物馆无障碍设施建设的理念与思考》，载《丝绸之路》，2009（24），87 页。

各种功能的正常运转提供保证。

2000年，国际建筑师协会的《北京宪章》明确提出“全社会建筑学”的概念，不仅提出建筑师要参与人居环境建设的所有层次的决策，而且提出应让社会公众更多地参与整个建筑设计过程，这种双向的全面参与无疑将成为新世纪人居环境建设的基本设计模式。2009年12月，在阳江海陵岛的十里银滩，承载“南海Ⅰ号”古代沉船及船上文物的广东海上丝绸之路博物馆正式开馆。中间最大椭圆体为保存“南海Ⅰ号”古沉船的“水晶宫”是博物馆的核心所在。“水晶宫”建设了水下透明视窗观光廊和水下文物考古发掘工作平台，参观者可以近距离观察“南海Ⅰ号”在水中的情况及考古队员的水下考古工作，亲身见证“南海Ⅰ号”精美文物的出水瞬间，并通过大量珍贵实物，了解海上丝绸之路相关的中外经贸、文化、宗教、科技和航海历史。作为公共文化设施，广东海上丝绸之路博物馆从馆舍建设形式到陈列展览方式，都体现出为社会公众服务的精神。

博物馆建筑应该是具有精神追求的建筑，更多地体现人们在精神方面的需求，善于将我国传统的建筑艺术和现代的科学技术有机结合，在现代建筑的共性中突出地方个性，寻求传统文化与当代文化的结合点，从而创造出有文化品位的新时代博物馆建筑。博物馆建筑应该创造更为个性化与艺术化的空间与环境，体现博物馆文物藏品特色，注重人性化理念的表达，既要防止平淡、乏味和说教，又要摒弃贪大贪洋、求全求最的建设心态，防止片面追求外观形象，真实反映社会历史和时代精神，追求美的造型艺术和视觉效果，从而最大限度地满足观众的参观要求和舒适体验。

博物馆建筑首先要求具备一般建筑的共性，服务于功能，特别是服务于博物馆自身的收藏与展览功能。但是，近年来在国际博物馆领域出现在收藏与展览空间之外，增加公共教育空间和公共服务空间的趋势。在公共教育空间方面，包括各种配合展览的小剧场、讲演厅，各种为观众体验和查询而设置的探索角、发现屋，以及各种为儿童教育专设的学习教室、体验馆和实验室等纷纷出现，许多博物馆结合展览内容，安排了各种用于参与、操作、互动的空间。在公共服务空间方面，包括接待咨询、存包服务、餐饮休息、纪念品商店，还需要设有儿童活动空间、轮椅空间、残疾人停车区等。上述内容在博物馆建筑总面积中所占比例不断增大。相比之下，在我国目前的博物馆建筑总面积中，专用的公共教育空间和公共服务空间所占比例较小

现代博物馆一般由“人”“物”和“空间”三个要素组成，其中“人”是特指观众与博物馆员工；“物”主要是指博物馆所特有的文物藏品和资料；而“空间”则主要是指观众得以思考与休息的区域、博物馆员工的活动区域，以及为此服务的相关区域。近年来，博物馆更加注重观众休闲区域的作用，将博物馆接待观众的过程，不仅是看作向观众提供高品位、高质量的陈列展览与传播知识、传播信息的过程，同时还是向公众提供文化休闲与优质服务的过程，这是新时期博物馆服务理念发生的重要变化。因此，博物馆需要考虑营造高雅的人文景观与优美的生态环境，为观众参观过程中思考问题、探讨交流提供舒适的空间环境，使观众在宽松的空间氛围中，完成博物馆特有的知识之旅。

我国的博物馆建筑文化，就是具有民族传统、地方特色、时代精神的建筑文化，走出了一条中国特色的博物馆建筑创作道路。回首60余年来我国博物馆建筑，在设计思想方面的每一次变化，都会激起人们对博物馆建筑设计前辈们的无比敬意。近年来，随

着城市面貌的巨大变化和一座座新建筑的拔地而起，如何延续并创新本土建筑特色的问题，日益凸显出来。今天，之所以要探索中国特色的博物馆建筑文化理论和实践，是因为人们认识到更应关注曾经充满自然山水诗意生活世界的重建。博物馆建筑必须在继承中创新，以适应现代化发展的需要。同时努力保留传统文化中有价值的内容，创造性地把建筑设计与传统文化结合起来，才能做到自然和谐。